El Viaje de la Vida

Un paseo por las anécdotas de mis abuelos

Vanesa López Fernández

© Copyright by Vanesa López Fernández
ISBN: 9798883906625

Soy una venezolana nacida en Málaga, España, en la primavera de 1992. Soy licenciada en Sociología por la Universidad Complutense de Madrid y actualmente resido en Londres, Inglaterra. Siempre he querido ser escritora, era mi sueño desde muy pequeña. En la escritura he encontrado un refugio en el cual desahogarme, sanar, expresarme. La escritura es mi terapia, es mi vía de escape cuando necesito soltar todo lo que llevo dentro.

Desde que me exilié de Venezuela a los 21 años, he vivido en Europa y viajado por sus ciudades más importantes. He aprendido a trabajar de lo que sea para ganarme la vida y he asumido retos y sacrificios con la excusa de buscar un futuro mejor. Lo que no sabía era que mi futuro estaba estrechamente ligado a mi pasado. De modo que decidí unirlos y convertirlo en mi presente, en el aquí y el ahora.

Así que ahora escribo por mi pasado, para lograr el futuro que quiero, mientras soy feliz haciéndolo. Porque amo escribir y tengo muchas cosas para decir.

Dedicatoria

Este libro es un homenaje a los valientes emigrantes para que, sean cuales sean las circunstancias que los han llevado a salir de su zona de confort, sepan que no están solos. Somos muchos y cada vez seremos más.

A todos ellos, a nosotros, a mis abuelos, amigos y familiares que han sido lo suficientemente valientes para emigrar, a todos ellos, mi más sincero aplauso y admiración.

Y esta es la historia que quiero contar, una historia de valientes, una historia de amor verdadero, una historia con la que cualquiera de nosotros se puede identificar. Pero, sobre todo, la quiero contar porque mis abuelos son las personas más importantes en mi vida y quiero que, cuando ya no estén, sigan viviendo no sólo en mi recuerdo y en el de mi familia, sino también en un libro. Quiero su historia escrita, palabra por palabra, para que nunca nadie la olvide.

Yo, desde luego, no lo haré jamás.

Para ustedes, este libro; pero, en especial, para Ramiro y Placeres, mis abuelos.

Índice

	PRÓLOGO	11
1.	La infancia feliz	13
2.	El tan ansiado reencuentro	24
3.	La casa de Campo. Parte 1	28
4.	La casa de Campo. Parte 2	43
5.	El tiempo pasa para todos	52
6.	Un viaje en el tiempo	56
7.	La escuela	65
8.	Los primeros trabajos	75
9.	Combarro y con hórreos	83
10.	Santiago de Compostela	90
11.	El cortejo	94
12.	La casa de Castramonde	100
13.	El cementerio de Piñeiro	107
14.	La casa de diseño	111
15.	"Y así nos quedamos sin papás"	119
16.	Inicios en Venezuela	130
17.	Construyendo Venezuela	140
18.	La última cena	152
19.	La casa de Higuerote	159
20.	Madrid	170

PRÓLOGO

A Estrada, septiembre del 2022; un cigarro y un café acompañan la vista de la casa de diseño que el tío nos ha alquilado a mis abuelos y a mí para pasar una temporada en Galicia, la tierra que los vio nacer y crecer en una época de postguerra, donde todo era trabajo en el campo y miseria; pero de eso, hablaremos más adelante.

En estos pueblos de Galicia no hay mucho que hacer. La gente emigró a las ciudades principales, dejando las aldeas a la buena de Dios, donde solo unos pocos continúan su vida y destinan su muerte. Sin embargo, las historias que guarda este lugar interesan precisamente por su dificultad y su misterio.

El pueblo de A Estrada, desde donde empiezan estas líneas a tomar forma, es bastante bonito, lleno de tiendas, bares y restaurantes. El clima es, por lo general, húmedo y lluvioso. Así, durante nuestra estadía, tuvimos días en los que fue complicado salir a pasear, pero la lluvia fue cesando, dando tregua y espacio para las caminatas obligadas de los mayores y los juegos de los niños. Sin embargo, la vida aquí pasa lenta, despacio, a su ritmo. En las calles de A Estrada predominan los jubilados, aquellos que, a diferencia de otros, decidieron quedarse en su tierra, o quizás no tuvieron otra opción, quién sabe, la cuestión es que aquellos que sí la tuvieron construyeron historias dignas de recordar.

Estas líneas son un homenaje a aquellos que lucharon por un futuro mejor, a aquellos migrantes que construyeron un país a costa de dejar otro atrás y con él, sus familias, sus casas, sus infancias. Pero, en especial, es un homenaje a mis abuelos, que son las personas más importantes de mi vida y a las que más admiro por su valentía, su capacidad de visión a futuro, de ser mejores cada día, de evitar que sus hijos y nietos sufrieran las penurias por las que ellos pasaron, por sus ganas de salir adelante y dejar atrás la miseria y la vida que llevaban en un país en ruinas, la España de la postguerra.

A Ramiro y María Placeres, mis abuelos, les dedico estas líneas que espero no los decepcionen, porque las historias si no se escriben no se recuerdan y, si no se recuerdan, es como si nunca hubieran existido. La verdad es que dejar perder una historia como esta sería una lástima; por ello, cada noche, al volver de nuestros paseos obligatorios a la casa de diseño italiano, nos sentamos en el sofá y, sin mucho preámbulo, empiezo a escuchar.

1

La infancia feliz

Yo escuché a mis abuelos contándome su historia y tarde o temprano la compartiré, pero nada de eso tendría sentido si no empiezo contando la mía.

Mi madre nació en Caracas en el año 1966, 6 años después de la llegada de mis abuelos a Venezuela. A los 25 años se casó y se fue a Málaga, donde yo nací el 18 de mayo de 1992. Los detalles de la situación de mis padres son complicados y no viene al caso contarlos; digamos que las cosas no salieron como eran de esperarse y mamá estaba sola, con una recién nacida en brazos y sin saber mucho qué hacer, por lo cual decidió volver a Caracas. A los 4 meses de nacida, mi mamá se montó conmigo en un avión rumbo a Venezuela, país donde crecí y tuve una infancia sumamente feliz. Es importante decir que, aunque crecí sin mi papá biológico, nunca lo necesité ni extrañé. Mis abuelos siempre estuvieron apoyando a mi madre en todas las decisiones que tomó en su vida, incluso aquellas que no parecían ser las mejores.

Mi madre llegó conmigo en brazos a Caracas, a casa de sus padres, quienes nos recibieron con mucho amor y mucho apoyo, sobre todo para mi mamá. Desde muy pequeña y gracias a esa circunstancia, he estado muy apegada a mis abuelos, incluso más que mis primas o mi hermano. Soy la primogénita de la hija y además no tuve padre; mi mamá me crio prácticamente sola por al menos 5 años, hasta que conoció al hombre que ahora es su pareja y el cual fue, y sigue siendo, la figura paterna más cercana que he tenido.

Mi abuelo siempre era el que me daba los mejores consejos, el que me iba a buscar al colegio cuando nadie más podía, el que me daba dinero a escondidas, el que me compraba las cosas que mi mamá me negaba, el que me enseñó a conducir, el que me consentía en mis caprichos, el que sabía lo que me gustaba y cómo me gustaba, el que siempre ponía mis necesidades de primero, el que nunca me abandonó incluso cuando me fui de Venezuela. Él fue uno de los pocos que siempre confió en mí y me apoyó en mi decisión, el que estuvo pendiente para que nada me faltara, el que me ayudó a pagar mis estudios universitarios en Madrid, en fin... mi abuelo es mi héroe sin capa, mi ángel de la guarda.

Ramiro es mi ídolo, mi fuerza y mi mayor debilidad.

Mi abuela es esa figura materna en la que busco refugio cuando no lo encuentro en nadie más. Con mi abuela siempre he tenido una relación muy íntima y estrecha, siempre he sentido que con ella puedo hablar de lo que sea y no me va a juzgar o regañar. Mi abuela fue mi confidente cuando yo era adolescente; esa relación de "amigas", que algunas hijas tienen con sus madres, yo la encontré con mi abuela. Ella me habló de muchas cosas a lo largo de mi vida; recuerdo que me hablaba sobre metafísica porque leía mucho sobre eso y le encantaba. Decía que nosotros debíamos pensar en positivo porque solo así atraeríamos lo mejor en nuestra vida. Decía que hay que pedirle al universo lo que queremos y pensar que todo saldrá bien, ya que actuamos en base a eso. También me ayudó mucho cuando pasé por procesos normales de la adolescencia, a los que no supe cómo enfrentar sola. Para toda inseguridad que tenía, ahí estaba mi abuela con sus mejores consejos. Ella me decía que yo debía aceptarme y quererme tal y como soy, sin importar si era como los demás o no. Me decía que mi cabello era único, precioso, que debía aprender a usarlo a mi favor, que me hacía diferente, me hacía resaltar sobre las demás, que ese era mi "gancho" y era una de las muchas cosas que me hacían única y fabulosa. Con el tiempo fui consciente de cuánta razón tenía en todo lo que me decía y, en parte, gracias a sus palabras, hoy a mis 31 años puedo decir que me acepto tal y como soy, que la palabra "normal" la estamos entendiendo mal y que siempre hay un sitio en el que vamos a encajar mientras seamos nosotros mismos y no intentemos parecernos a nadie más.

Mi infancia, por ende, estuvo llena de vida, de viajes a las playas más bonitas del país, de vacaciones en el mar y de disfrutar en familia. Nunca me faltó nada, mucho menos amor.

Recuerdo que todos los fines de semana íbamos a la casa de la playa de mis abuelos.

Lo mejor de pasar el fin de semana en Higuerote era cuando llegaba el momento de la parrilla. El chef principal era mi abuelo, como no podía ser de otra manera. Todos los sábados y, a veces, los domingos antes de volver a Caracas, el abuelo cocinaba sus mejores carnes a la parrilla para el deguste de todos. Ese ritual era lo mejor, no sé ni cómo describirlo con palabras. Daba igual si era semana santa, si era Navidad o si era un sábado común, siempre había parrilla. Comíamos carne, pollo, yuca, chistorra, salchicha, morcilla, ensalada, arroz, todo lo que se puedan imaginar. El abuelo iba sacando pequeños trozos de degustación para ir "haciendo estómago", como solía decir, mientras nosotros valorábamos el nivel de cocción y su sabor.

El mejor momento, sin duda alguna, era el del postre. Un postre italiano muy común en Venezuela es el Pirulín, y mi abuelo tenía muchas cajas de esas latas, a las cuales éramos capaces de comerlas todas. Era una adicción. Por eso las tenía escondidas y, después de cenar, era una competencia entre las nietas para ver quién conseguía traer una lata a la mesa. Cuando nos dimos cuenta de que el escondite era siempre el mismo, ya no había que pedir permiso, salíamos corriendo en busca de una lata de Pirulín y recuerdo que a veces hasta nos peleábamos para ver quién la llevaba, supongo que todas queríamos ser las protagonistas de ese glorioso momento en el cual el postre llegaba por fin a la mesa.

Aquello sí que era desconectar verdaderamente del caos de la ciudad, del trabajo y del colegio, era un escape a todas las responsabilidades y rutinas posibles. Era estar en esa casa y el tiempo corría diferente, el aire que se respiraba era diferente, era más cálido, pero más fresco, más natural, menos contaminado.

En Higuerote me sentía libre; fui demasiado feliz en esa casa a pesar de los mosquitos, del calor y de que no había agua caliente para ducharse. Recuerdo las noches de tormenta y lo mucho que me asustaban. Era un fenómeno muy interesante porque diluviaba casi todas las noches; se podía escuchar el sonido de los truenos y mirar los rayos rompiendo el horizonte. Muchas veces llegué a tener bastante miedo, pero con la salida del sol por las mañanas, todo ya se había disipado. Los días solían ser espectaculares, la "pepa de sol", como solemos decir en Venezuela, siempre estaba ahí dispuesta a darnos su calor para disfrutar de la piscina o de las hermosas y cálidas playas del Caribe. Si alguna vez llovió durante el día, no lo recuerdo. No recuerdo ni una sola vez en la cual el paseo a la playa o a la piscina se haya estropeado por la lluvia.
En esa casa, los nietos éramos el centro de atención. Primero fuimos mi prima Anna Carolina y yo, que nos llevamos un mes de diferencia. Cuatro años después, llegó la tercera

nieta, María Gabriella, entonces yo tenía dos primas con quienes jugar.
Mi infancia en Higuerote fue especial y creo que el haber estado tan en contacto con la naturaleza, el haber tenido ese escape que era -y sigue siendo- un privilegio de pocos, forjó muchos aspectos de mi personalidad y de cómo vivo y veo mi vida y la vida en general.

Toda mi infancia fue posible gracias a mis abuelos, a lo que ellos habían construido para sus hijos y que también estaban construyendo para sus nietos. Esto es importante tenerlo claro porque no es posible entender esta historia sin antes entender la relación que tengo y que he tenido con ellos desde que nací.

Construir una vida en Venezuela, aunque no fue fácil nunca, ahora lo es menos. No quiero entrar mucho en política, pero sí creo que es importante y necesario comprender el contexto para entender el porqué de mis acciones.

Mi infancia en Venezuela, como ya dije, fue maravillosa. Sin embargo, mi adolescencia entera la viví mientras veía a mi país ser arrasado por la corrupción, por la inseguridad, por la crisis económica, por las protestas y la escasez. Mi ciudad era cada vez más insegura, cada vez me ponían más límites, más restricciones, incluso estando en la Universidad. Era un contexto muy complicado para todo el mundo, pero especialmente para los jóvenes universitarios que teníamos que lidiar con la situación del país que no podíamos ignorar y, al mismo tiempo, lo único que queríamos era vivir nuestra época universitaria, vivir nuestras primeras experiencias con el sexo, con el alcohol, con las fiestas. Era difícil encontrar un balance, pero aun así lo intentamos.

Mi paso por la Universidad Central de Venezuela fue una de las experiencias más maravillosas que he vivido a lo largo de mi vida, la más aventurera, la más emocionante, llena de adrenalina, de aprendizaje, de luchar por lo que creemos que es justo y protestar por lo que no lo es. Fueron 3 o 4 años de lucha contra un gobierno corrupto y despótico dentro de las esferas universitarias, una batalla que tuve que continuar en mi comunidad, llegando a ser líder de la misma. Estuve en cientos de protestas con mis compañeros de la Escuela de Sociología, tanto dentro como fuera de los espacios universitarios. En fin, los jóvenes venezolanos, entre el 2010 y el 2013, fuimos los únicos que intentamos algo por salvar a nuestro país de la miseria en la que estaba sumergido.

Después de tantos años de lucha en vano, de estar amenazada de muerte y de no poder salir sola ni a la esquina, me estaba dando por vencida.

Un viernes de enero por la mañana -me acuerdo perfectamente porque unos días antes ocurrió una tragedia que tenía conmocionado al país, habían asesinado a tiros a una ex Miss Venezuela y a su marido- llegué muy temprano a la Universidad, compré mi cafecito como solía hacer, y me dispuse a esperar al profesor en el salón. Él decidió que ese día llegaría bastante más temprano y así cambiaría mi vida para siempre.

Maurico Phelan, jamás olvidaré su nombre, además de ser uno de los mejores profesores que he tenido, fue la persona que me abrió los ojos a un mundo lleno de posibilidades que yo, por estar sumergida en un hueco profundo de desesperanza y cansancio, no había podido ver.

Empezamos hablando de lo ocurrido con Mónica Spear, la ex Miss Venezuela, lo trágico de su muerte y de toda la situación en general. Él notaba que me estaba rindiendo, que se me agotaban las fuerzas. Empezaba un nuevo año y no había esperanza, lo único que quedaba era ver cómo el país se destruía más y más.

—Vanesa, ¿pero tú no eres española?— me dijo el profesor.

—Sí profe, tengo mi pasaporte al día y todo— respondí.

—¿Por qué no te vas a España?

—Ay profe, ¿qué voy hacer yo ahí? no sé, al menos si me voy será más adelante cuando me gradúe— respondí un poco desmotivada.

—No hace falta que te gradúes. Busca en internet las opciones de universidades que te gusten y estén dando Sociología, pregunta qué necesitarías para aplicar y hazlo. No hay nada que perder, quién quita, y puedes irte con el cupo en la universidad y terminas tus estudios allá. Aquí no hay mucho que hacer, la universidad se está cayendo a pedazos y el país está sumergido en una crisis que, a mi parecer, va a durar mucho tiempo.

Sus palabras tenían todo el sentido del mundo. Me estaba dando una salida, una opción que podía ser muy beneficiosa para mí. Y así lo hice.

Esa misma tarde cuando llegué a mi casa me puse a investigar, sin saber que ese momento marcaría el fin de una etapa y el comienzo de otra, ya que 9 meses después y contra todo pronóstico, estaba montada en un avión rumbo a Madrid, sola, con 3.000 euros en la cartera y la esperanza de un futuro mejor, sin saber todo lo que me tenía preparado el destino.

Me licencié en Sociología cuatro años después, en el verano del 2018. Estuve estudiando y trabajando al mismo tiempo y nunca dejé de hacer ni una cosa ni la otra.

Pero el destino tenía más aventuras preparadas para mí.

Para ese entonces, España llevaba varios años intentando recuperarse de una crisis económica. Las ofertas de empleo eran escasas, y las pocas que había eran precarias, inestables y con bajos salarios. Desde luego que la situación no era mínimamente comparable a la de Venezuela; sin embargo, no era la mejor y me di cuenta de que de ahí también debía irme.

La siguiente aventura fue Londres, Inglaterra. Era mi segunda emigración.

A Londres, llegué con un nivel básico de inglés para cuidar niños bajo un proyecto llamado Au Pair, una especie de intercambio cultural en el cual mujeres jóvenes, en su mayoría, viajan a ciertos países con el fin de aprender su idioma e involucrarse en su cultura a cambio de un pequeño trabajo de niñera con una remuneración simbólica.

Al momento de escribir estas líneas ya han pasado 4 años desde que estoy en el Reino Unido; tengo 31 años, estoy soltera, sin hijos, sin mascotas ni perro que me ladre. Pero, sobre todo y lo más importante, estoy viviendo mi vida en paz, al límite, forjando mis sueños, descubriendo mi lugar y mi rol en este mundo.

Mi experiencia migratoria es muy diferente a la de mis abuelos; por supuesto es otra época, otro mundo. Y es por ello que su historia es tan digna de admirar para mí, porque fueron capaces de emigrar en un mundo muy diferente al actual, sin estudios y sin la tecnología de hoy en día, lo hicieron solos, con mucho esfuerzo y valentía.

2
El tan ansiado reencuentro

Las probabilidades de sobrevivir eran bajas. Mi abuelo tenía 81 años, había pasado por una operación del corazón y llevaba más de un mes en terapia intensiva. A eso le sumamos que estaba en un país en donde si no tienes dinero te mueres, literal. Y si lo tienes, quizás no consigas el medicamento que necesitas. Es jugar un poco a la ruleta rusa.

Fueron meses difíciles. Recuerdo que todos los días encendía una velita y rezaba por mi abuelo. Nunca he sido una persona religiosa y, aunque estoy bautizada, me considero agnóstica; sin embargo, esos días recé, no sé a quién, probablemente a nadie, lo hacía para drenar mis lágrimas pensando que mis palabras llegarían a él, aunque estuviéramos a miles de kilómetros de distancia, 7.635,44 km, para ser más exactos.

Recuerdo cuando me enviaron el video de su cumpleaños, ¡vaya manera de celebrar los 81!, pensé, en una cama de hospital. Menos mal que mi abuelo es fuerte, más que cualquiera que haya conocido jamás, y lo demostró con su fortaleza y voluntad para mejorar día a día.

No sé cómo explicar con palabras lo que sentí en esos momentos. Mi mundo se estaba derrumbando, mi persona favorita estaba en una cama, sin poder moverse, sin poder hablar, más allá que acá.
Tenía miedo de no volver a verlo, de no poder abrazarlo una vez más, de no sentir su olor, de no tener su cariño. Todas las noches lloraba pidiéndole al universo una oportunidad, aunque sea solo una más. Y lo debí pedir con tanta fuerza que me fue concedido, fue el mejor regalo del mundo.

Meses después de ese traumático episodio, la vida nos dio otra oportunidad, una llena de reencuentros, amor, paseos, momentos fabulosos, momentos que disfruté como si fueran los últimos que pasaría con ellos.

Esa noche de septiembre del 2022, me volvió el alma al cuerpo. Lo abracé con tantas ganas, tanto amor, que tuve que ser muy fuerte -o débil- para aguantar unas cuantas lágrimas. Según dicen, el llanto es la forma en que nuestro cuerpo responde cuando las palabras no salen, cuando no somos capaces de expresar lo que estamos sintiendo, sea dolor, frustración, rabia, o amor; el amor más puro y grande que puede haber entre unos abuelos y sus nietos, que es el amor más fuerte que yo he tenido la dicha de experimentar en mi vida.

Nuevamente, España sería nuestro punto de reunión, y lo más bonito fue que esta vez estaríamos en su tierra, aquella culpable de que estemos aquí, escribiendo estas líneas y viviendo estos momentos.

Los abuelos llegaron unos días antes que yo a Galicia, después de 9 horas sobrevolando el Atlántico. Su aventura ya había comenzado; la mía, en cambio, estaba por empezar. Sinceramente, jamás imaginé que pasaría todo lo que sucedió en ese viaje, y estoy segura de que ellos tampoco.

Sin embargo, para alguien en particular, la llegada a España había estado cargada de mucha tristeza y profundo dolor. Isabel, la hermana menor de mi abuela Placeres, había fallecido hacía tan solo un par de semanas antes debido a un cáncer de hueso que no le perdonó la vida. Fue un golpe muy duro para mi abuela ya que no pudo darle el último adiós, el último abrazo, el último beso. Al menos, llegó a tiempo para el funeral y pudo despedirse y acompañar a sus demás hermanos en el sentimiento.

Nos reencontramos en Santiago de Compostela, mis tíos, mis abuelos, mi prima Anna Carolina y yo. Recuerdo llegar bastante tarde al aeropuerto, donde estaban ellos esperándome con su mejor sonrisa. Nos fuimos directo a la casa donde nos hospedábamos. Al llegar, la imagen de mi abuela, mi otra persona favorita, bajando por las escaleras para venir a saludarme, permanecerá siempre en mi memoria. Se había quedado despierta solo para esperar mi llegada, a pesar de que se le veía muy cansada y rondaba ya la medianoche.

Cenamos, charlamos, compartimos algunas cervezas y yo no podía estar más feliz. Me estaba reencontrando con una parte muy importante de mi familia después de 4 años sin vernos y de casi perder al abuelo. Era como un milagro, el mejor de ellos. Y era real. Fue, sin duda, el mejor mes del año, porque ese día era el primero de 38 que duraría esta aventura por España y, sobre todo, por la Galicia profunda.

Al día siguiente nos tocaba mudarnos. El plan era que mis abuelos y yo nos quedáramos una semana en Cambados y luego iríamos a A Estrada a pasar el resto del mes. Esa linda mañana de septiembre, una vez instalados en nuestro nuevo hogar, decidimos partir hacia la aldea de mis abuelos; fuimos específicamente a la casa natal de mi abuela, en Campo.

3
La casa de Campo
Parte 1

Por la tarde, en la casa todo fue perfecto. A pesar del triste acontecimiento reciente y del dolor obvio que partía el corazón de mi abuela en pedazos, pudimos disfrutar de los colores del cielo otoñal, del canto de los pájaros, de la paz y tranquilidad que se sentía en el ambiente y, sobre todo, de la hermosa Xiana, la nieta de Isabel, que apenas tenía 3 años. Su sonrisa y su energía nos llenaron de alegría, porque la vida sigue y, cuando una se apaga, otra se enciende, y ella era el vivo ejemplo de ello. Una niña que irradiaba carisma, inocencia, siempre pendiente de jugar y aprender cosas nuevas.

Estábamos todos en la terraza disfrutando de un café con algunos dulces, cuando decidí que era hora de compaginar mi manjar con un cigarro de liar. Una vez preparado, cogí mi café y me separé un poco del grupo para no molestar con el humo. Recuerdo a mi abuela levantándose, con una expresión bastante triste en su rostro, cuando se acercó a hacerme compañía.

—Vani, ¿cómo vas? —me preguntó. Me gusta que me llame así, es original, es tierno.

—Nada abuelita, aquí disfrutando del calorcito.

La vista de la terraza daba al patio principal y al hórreo, ya viejo y desgastado. El cielo era azul como el mar y soplaba una brisa cálida y suave que acariciaba mi rostro, mientras que el silencio y la paz flotaban invisibles en el ambiente.

—Ahí, en ese hórreo— dijo mi abuela señalando al frente— guardábamos las mazorcas y lo que cosechábamos, pero también jugaba con Isabel a la casita; yo era el papá que se iba a trabajar y cuando llegaba ya ella tenía la comida lista.

—Vaya, qué lindos recuerdos, es que puedo imaginarlas ahí a las dos— respondí, sin quitar mi mirada del hórreo y realmente imaginándome a dos niñas pequeñas jugar en él.

—Sí, en el verano nosotras jugábamos mientras nuestros padres iban a dormir la siesta— continuó la abuela—porque en invierno no hay siesta y entonces era cuando nosotras jugábamos debajo del hórreo. Yo era siempre el marido, yo era el hombre, yo quería ser hombre, porque es que a las mujeres las traían destripadas, entonces mi hermana tenía que hacer lo que le mandaba yo porque era la mayor, y ella tenía que hacer el almuerzo y recoger las peras o las manzanas.

Su risa suave me hizo pensar que por su mente estaban pasando todos esos recuerdos como si hubieran sucedido ayer, solo que esta vez no era su hermana, sino el fantasma de ella.

—Y cuando no, agarraba unas matitas y unas piedritas y eso era la comida— continuó— Claro, no teníamos mucho tiempo para jugar porque todo era trabajar y trabajar.

Mi abuela tiene una forma muy peculiar de hablar algunas veces, y en ese caso utilizó su vocecita infantil para describir su memoria de niña. Tenía todo el sentido, ahora que lo pienso.

—¿Trabajar? —pregunté en tono curioso—, ¿de qué podían trabajar unas niñas pequeñas?

—Pues en el campo—respondió Placeres.

—¿Cuidando las vacas y eso?

—Sí, arreando el ganado, sembrando, recogiendo la siembra, haciendo la comida... bueno, en esas épocas era así como trataban a los niños—, respondió la abuela.

Me quedé pensativa, imaginando cómo sería la vida de los niños en estas aldeas hace 70 u 80 años. Si hoy en día no ha cambiado casi nada, estructuralmente hablando, no quiero pensar cómo sería hace casi un siglo atrás. Debieron ser tiempos difíciles. La abuela no siguió hablando, se quedó inmersa en sus pensamientos mirando al horizonte.

—Es muy raro estar aquí sin Isabel, ¿no te parece? —pregunté arriesgándome.

—Sí—respondió la abuela— no es lo mismo, ya nada es lo mismo—, noté un par de lágrimas que empezaron a resbalar por sus mejillas. Silencio.

Dos semanas. Ese fue el tiempo que no esperó Isabel para ver a su hermana y despedirse, para darle ese último adiós, ese último abrazo. Dos semanas... que suponen un beso esperando para ser dado, un abrazo en la cama de hospital que se quedó vagando por ahí, un adiós, un hasta luego, o un hasta la eternidad. El fantasma de Isabel nunca dejó el lado de mi abuela, ni lo hará jamás; ellas eran como uña y mugre y se querían muchísimo, se llevaban un par de años de diferencia nada más. Mi abuela sufrió muchísimo con su partida y, verla ahí frente al hórreo contándome sus recuerdos, me hizo sentir que los vivía con ella. Su vibra había cambiado, sus lágrimas humedecían su rostro, aunque ella luchara por no mostrarse del todo vulnerable. Supongo que quería vivir su duelo sola, en la medida de lo posible, pero la conozco bien y sé que estaba a punto de perder la cordura, de estallar en un llanto incontrolable, y con toda la razón.

Nos quedamos sin decir palabra, cada una procesando el momento a su manera, juntas pero separadas. Era la primera vez en Campo sin Isabel. Ya nada era igual.

Después de una tarde amena con la familia, nos despedimos de los tíos, quienes al día siguiente empezarían su propia aventura por Europa. Mientras, nosotros regresamos a Cambados.

Llegamos un poco antes del anochecer; preparamos una cena rápida y nos juntamos los tres en el sofá. Había sido un día intenso, largo, lleno de muchas emociones. El telediario asomaba en el televisor mientras mi abuelo le dedicaba toda su atención.

—Abuela, ¿qué sentiste al estar en tu casa natal hoy? —pregunté.

—Bueno, ¿qué voy a sentir? No sé...

La abuela, cuando quiere, habla hasta por los codos, pero cuando no, no hay quien le saque palabra, y si salen, lo hacen a regañadientes.

—¿A ti nunca te gustó la aldea verdad? — pregunté—, siempre dices que jamás volverías a vivir en Galicia.

—No, jamás volvería a vivir aquí. Yo tengo muy malos recuerdos.

—¿Las hacían trabajar mucho? — pregunté.

—Sí, y nos trataban mal.

—¿Cómo así? —, pregunté asombrada.

—Bueno, nuestros papás trabajaban y nosotras también teníamos que trabajar, claro, porque éramos chiquitas— respondió Placeres. La vida en la Galicia de la posguerra no era nada fácil, pero lo era mucho más que en las grandes ciudades como Madrid o Barcelona, donde la gente pasaba las verdaderas penurias, incluida la hambruna.

—Cuando yo tenía 6 años— continuó Placeres—, nace otro hermanito, Antonio. Y en esa época mis papás iban a trabajar a unas fincas y mi hermana y yo nos quedábamos con el niño y lo cuidábamos, y teníamos que hacer el caldo, que era la comida de esa época, hasta que nuestros papás volvían a casa.

No podía creer lo que mi abuela me estaba contando. Ese comportamiento, en la actualidad, sería visto como una irresponsabilidad, el dejar a niños tan pequeños solos en casa.

—¿Y cómo es que podían hacer todo eso siendo tan pequeñas? —pregunté con curiosidad.

—Sí, para el caldo mi mamá montaba la olla en una cocina que teníamos que echarle fuego, tenía que estar la olla hirviendo todo el tiempo y después nos decía: "mira, a las 10 le echas las papas, a las 12 le pones la carne", o sea ella nos dejaba las indicaciones y cuando llegaban ellos, el caldo estaba listo y con eso almorzábamos.

—¿Y por eso dices que te trataban mal? — pregunté.

—Mira, una vez cuando tenía como 7 añitos, mi madre me agarró por los pelos y me dijo: "ponte ahí a fregar"; o sea, esa era la forma en que nos trataban. En ese momento no piensas nada, lo único que sabes hacer es llorar. Ella me decía: "llora, llora, pero friega". Me dejaban sola con mis dos hermanos pequeños y la olla montada, y tenía que hacerlo todo al pie de la letra porque si no, me iban a regañar.

—¡Vaya! — exclamé.

—Y en la tierra había que arar, yo iba con mi abuelo y el arado. Llevábamos dos vacas y yo de niñita iba con las cuerdas de la vaca y tirando del arado—dice mientras me hace la demostración con señas. — Y ya de más mayor, pues lo que me mandaran, como sembrar. Para hacer el maíz se echaba grano por grano detrás del arado, y eso lo tenía que hacer yo también. Hubo un día que mi papá dice "ya va, ya va", paró el arado, fue delante de las vacas y me dio unas zurras[1] con un palo y me dice: "¡para que aprendas a tirar por las vacas!, que ya te dije que tiraras para este lado", —dijo gritando como imitando a su padre, —yo tendría como 7 u 8 años.

—Wow, sí te trataban muy mal entonces...

—Sí, muy mal. Pero él también fue maltratado, a pesar de que quedó huérfano jovencito. Mi papá tenía una abuela que lo defendía todo el tiempo, por eso yo quería tener abuelos. Cuando iba la madre y le daba sus zurras, él iba con la abuela y ésta regañaba a su mamá. Pero yo no tenía quien me defendiera.

Mi abuela todavía no supera esa época de su vida, en esa Galicia profunda donde sólo había miseria, pobreza y trabajo duro en el campo. Le duele recordar y hablar de ello, pero hace el esfuerzo por contarme cosas.

—Y tú abuelito, ¿cómo te sentiste hoy en la aldea? —pregunté al abuelo quien seguía con sus ojos clavados en el televisor.

---

[1] Castigo que se da a alguien, especialmente de azotes o golpes (RAE)

—Bien—respondió. Noté la mirada de Placeres, quien la bajó intentando ocultar su tristeza.

—La abuela me estaba contando sus anécdotas en el hórreo y de cómo la hacían trabajar en el campo—, dije.

—Eso escuché— respondió él—. Bueno, en esa época había que trabajar mucho. Trabajar en el campo, las vacas...

—En la cosecha, ¿qué tenían? —, pregunté.

—Después de la guerra se cosechaban muchas cosas, por ejemplo, el trigo, el aceite, y todo iba para las otras ciudades.

—¿Así ganaban el dinero? — pregunté.

—Sí pues, vendiendo una vaca en las ferias, por ejemplo— respondió la abuela—. Nosotros teníamos como seis vacas y se las llevaban al toro cuando estaban en celo. Había una señora que tenía el toro. Se vendían también los becerros. Mi mamá iba a la feria y llevaba los huevos de las gallinas y traía, por ejemplo, pescado.

—Y también compraba algunas telas que le hacían falta para las ropas— dijo el abuelo.

—Sí—respondió la abuela— pero nosotros teníamos costurera. Aunque teníamos poquita ropa, no te creas. Teníamos el vestido de ir a misa que era el vestido intocable, y también la ropa de ir al colegio, que era otro vestido. En esas épocas las muchachas no andaban de pantalón ni de vaina, eso vino muchísimo más tarde.

—Con que tenían costurera y todo— comenté con asombro.

—Sí, mi mamá compraba la tela, llamábamos a la costurera y ella venía a la casa con su máquina y en un par de días lo tenía terminado. Ella venía a la casa a trabajar y luego se iba a la suya. Así nos iban probando el vestido, pero mi mamá era la única que opinaba, nosotras no podíamos decir nada, ni siquiera nos preguntaban si nos gustaba.

—Vaya, tu mamá era estricta...

—Era mala, pero yo era muy apegada con mi papá porque lo acompañaba a donde él fuera. Si iba para la feria me llevaba, si iba para Bandeira también, y eso a mí me encantaba— expresó la abuela con un brillo en sus ojos—. Cuando la gente lo saludaba y le decía "¡ay!, ¿esa niña es tuya? ¡qué bonita!, se parece a tu mamá" y a él le encantaba escuchar eso porque se crecía, y cuando eso pasaba, él era mucho más cariñoso y entonces me ofrecía caramelos o galletas, y yo me sentía más apreciada.

—¿Tus padres también fueron duros contigo, abuelo?

—Mis padres no eran duros conmigo— respondió.

—No, ni su madre tampoco. El papá de Ramiro era más tranquilo, no era que andaba con un palo detrás de nadie. Aunque Ramiro tenía un hermano que ese sí que no era tan tranquilo y el papá sí le daba sus zurritas—agregó Placeres riéndose, mientras nos contagió a todos con su risa.

—A mí una vez sí me dio un medio bofetón que lo merecía pues—dijo el abuelo riéndose—. Pero no recuerdo más nada de esa vez.

—Pero lo que hizo el hermano de Ramiro fue muy atrevido, fue a la casa del vecino y soltó a las vacas, y la mamá le metió una zurra bien justificada— comentó la abuela.

—Bueno, aunque no se justifica que le pegues a un niño, si hay que regañarlo se regaña, pero un maltrato porque sí, es un poco fuerte— dije yo.

—Bueno, yo no creo que fuera maltrato, en esa época pensábamos que era normal—respondió la abuela a mi comentario.

—Era la educación que había y que recibió la gente mayor también— dijo el abuelo.

—Pero con todo y eso—agregó Placeres— había gente muy distinta. Mi abuela, con siete varones, yo creo que no les pegó nunca.

—Sí, bueno, cada quien es diferente— aclaró Ramiro.

—Pero con nosotros no, mi papá tenía siempre que pegarnos. Bueno, tú y tu abuela andaban siempre juntos— dijo Placeres mirando a Ramiro— por eso no te pegaban.

—¿Te portabas bien, abuelito?

—Es que mi abuela me amparaba—contesta él entre risas.

—Es que los abuelos son lo mejor del mundo, ya te digo—agrega la abuela.

—No hay como los abuelos…—respondí.

—Cuando vi que no tenía abuelos me puse muy triste. Yo conocí solo a una abuela, pero vivía en otra casa lejos—dijo Placeres.

—¿Y tú sentías que las trataban a ustedes diferente de sus hermanos por el hecho de ser mujeres?— le pregunté a la abuela.

—Creo que era diferente, sí. Además, Antonio era vivo, él era seis años menor que yo, entonces cuando algún niño hacía algo malo pues nos echábamos la culpa entre todos, pero mi mamá ni lo pensaba, ella cogía un palo y preguntaba quién había sido, pero Antonio siempre se hacía el lindo con mamá y yo terminaba siempre teniendo la culpa y recibiendo las zurras que sean y como sean—dijo la abuela—Y a mi hermana también la trataron mal, a veces peor que a mí, porque yo era la inteligente—se reía— Pobre mi hermana... por ejemplo, si la vestían para ir a misa, que era a donde se iba en esa época, le ponían unos calcetines y unos zapatitos y la vestían linda, y a mí también, pero en muy poco tiempo ya la veías a ella con los calcetines sucios.

—¡Uy! Paliza asegurada—comenté entre risas.

—Aseguradísima—respondió la abuela entre risas— y yo... pues me hacía la loca. Entonces, por ser la mayor, era la responsable de todo lo que pasaba; si se partía, digamos una cazuela y yo no tenía nada que ver, igual nos preguntaban a mí y a mis hermanos. Nadie sabía nada, Antonio se hacía el estúpido, y me decían: "como tú eres la mayor, vas a llevar dos zurras en vez de una", y así era. La mayor tenía que saber quién partió eso y por qué. También, cuando veníamos de la escuela, mi papá nos esperaba con un palo en la mano y decía: "los de la casa de al lado ya pasaron, ¿dónde estaban ustedes?", y nosotras pues veníamos de camino, jugando con el que estaba más atrás... ¡dime tú!, ¿dónde más íbamos a estar? Nosotras aprendimos a mentir, ya un poco más grandes; si me parecía que mi papá iba a decir algo, yo me llevaba todo preparado para contestarle, siempre. A veces, mi padre me mandaba a buscar cigarros y tenía que ir rápido, pero yo no sé si venía volando porque no había helicópteros para esa época, y cuando volvía despacio, si no tenía palo en la mano, me sacudía.

—Cosas de hermanos...—dije.

—Yo siempre intentaba llevar a mi hermana derechita—continuó la abuela— yo era la que mandaba y le decía "no hagas esto o lo otro que nos pegan a las dos".

—Y eso de ser la que manda se le quedó para siempre— dijo el abuelo, y todos explotamos en risas.

La conversación se nos había ido de las manos, pero yo estaba encantada de escucharlos. Verlos recordar su niñez en la tierra que los vio nacer era algo muy especial para mí. Ojalá me cuenten muchas anécdotas más, pensé, sin saber que ese momento sería el inicio de algo mucho más grande e importante, este libro.

4
La casa de Campo
Parte 2

Nunca olvidaré la primera vez que fui a la casa natal de mi abuelo; corría el mes de diciembre del año 2014, tres meses después de mi llegada definitiva a España. Una vez instalada, decidí empezar a recorrer el país en busca de los familiares que tenía por ahí, algunos tíos, tíos abuelos, primos, primos segundos... incluso mi padre biológico.

Mi primera parada fue Vigo, en la hermosa tierra gallega. Ahí están radicados la hermana de mi abuelo, la tía Otilia, y su esposo, al que llamamos Pepe. Viajé en un tren de esos que duran unas 9 horas desde Madrid, y recorren hasta los pueblos más recónditos del país, porque para ese momento no tenía mucho dinero, pero sí la juventud necesaria para adaptarme a un viaje en esas condiciones sin que me afectara demasiado. Llegué a la estación de tren y ahí estaban ellos esperándome. Me trataron como a una nieta más; me sentí como en casa. Además, recuerdo que llegué para Nochebuena, por lo cual todo era más especial. Las calles de Vigo estaban decoradas e iluminadas de una manera que sentía que la ciudad me abrazaba con sus detalles, su frío invernal y la brisa que llegaba desde la Ría de Vigo.

Así pasé mi primera Navidad en España.

Por supuesto, mis abuelos estaban encantados de que yo hiciera el esfuerzo por conocer a la familia que durante tantos años había estado ausente de mi vida, y yo estaba encantada con las nuevas relaciones que estaba construyendo con personas importantes para ellos.

Otilia y Pepe me pasearon por la ciudad que olía a celebración y magia; me llevaron a comer el mejor pulpo gallego que he probado jamás y fueron muy hospitalarios. Yo a ellos ya los había conocido muchos años atrás, cuando yo tenía como 15 años, cuando viajaron a Caracas y pasaron una buena temporada ahí con mis abuelos. Pero claro, aquella niña que ellos conocieron ya era una mujer adulta que decidió emigrar sola y empezar una nueva vida en España. Para ese momento, yo no tenía mucha idea de qué tan cerca estaba del origen de todo. Yo sabía que estaba en tierras de mis abuelos, pero no sabía exactamente cuál era la aldea donde crecieron y mucho menos dónde se ubicaba. Fue entonces cuando la tía Otilia me preguntó si quería ir a la casa natal de mis abuelos y, sin mucho pensarlo, le dije que sí.

El viaje no sería más de una hora en coche desde Vigo por la carretera vieja. Pepe insistió que debíamos ir por ahí, ya que aunque tardaríamos más, al menos nos ahorraríamos el peaje; además, pasaríamos por pueblos más bonitos y las vistas serían mucho mejores, comparadas con las que la autovía nos podía ofrecer. Pepe comentaba que un día se pasó el límite de velocidad y le llegó una multa a su casa, cuyo valor descendía a la mitad si se pagaba mucho antes del plazo de su vencimiento, lo cual, desde luego, le venía bien; sin embargo, quería evitar que le volviera a suceder lo mismo y por eso prefería conducir despacio. Irónicamente, unos minutos después, la policía nos detuvo por exceso de velocidad.

Al fin, llegamos a la aldea. La primera parada fue la casa natal de mi abuela Placeres.

María Placeres, la abuela heroína de esta historia, nació el 13 de marzo de 1941, en una casa de aldea de la Galicia profunda, en un lugar llamado Campo en la parroquia de San Julián de Piñeiro, en el municipio de Silleda, provincia de Pontevedra en Galicia, a unos 30 km de la capital gallega, la maravillosa y monumental Santiago de Compostela.

No tengo palabras para explicar lo que sentí una vez llegada allí. Era como si el tiempo se hubiera detenido. Solo se escuchaba el cantar de los pájaros, el sonido de los árboles al chocar sus hojas, los ladridos de los perros y los maullidos de los gatos. Las casas, aunque reconstruidas, muchas mantienen sus bases originales, como es el caso de la casa natal de mi abuela.

Vista desde fuera, la casa es bastante curiosa. Un viñedo divide el espacio entre el pasado y el presente, fungiendo de techo a la entrada principal de la casa original que está ahí, al ras del suelo, con sus paredes de piedra fría, sus espacios diáfanos y suelo de tierra. Fue ahí, entre esas paredes, donde nació mi abuela, mi heroína. Y ahí estaba yo por primera vez.

En el patio principal resalta el hórreo, una construcción que parece una casita pequeña, donde se guardaban y conservaban los alimentos para alejarlos de la humedad y del hocico curioso de los animales, de modo que se conservaran en un estado óptimo para su consumo. Se encontraba levantado del suelo por unos pilares, y sus paredes eran más bien ranuras que permiten el paso del aire. La mayoría de las casas gallegas antiguas tienen un hórreo, y lo más curioso de esto es que, además de tener una función técnica, también tiene una simbólica, y es que mientras más grande era el hórreo, más rica era la familia, es decir, más abundancia de recursos tenían.

Este hórreo que decora el exterior de la casa está sustentado en cuatro pilares, el techo es color ladrillo, un par de ranuras están rotas y sus paredes han sido víctimas del paso del tiempo. En su cúpula, se observa una cruz hecha de piedra y, en la otra punta, una figura parecida al alfil del ajedrez.

El hórreo es ahora la casa de los perros de compañía, que son cuatro, cuyos nombres sólo puedo recordar uno, Kurko, en homenaje a Kurt Kobain, ya que su dueña es tremendamente fan del músico. Algo que sí recuerdo claramente es que siempre estaban atados, o ladrando o durmiendo. Son perros bravos, llenos de pulgas y poco cariñosos.

Otra de las estancias exteriores de la casa es un pequeño cuarto, también de piedra gastada por el tiempo, que sirve de hogar para el consentido de la casa, un cerdo enorme y gordo que alimentará a la familia por al menos un año. Inmediatamente, le cogí cariño al animal, y fue ahí cuando supe de su destino, menos mal que para ese momento ya había dejado de comer carne y evitaba al máximo cualquier tipo de comida proveniente del mundo animal.

Por supuesto, en este tipo de casas no puede faltar el sembradío y el espacio para las gallinas. El terreno era bastante grande y tenían todo tipo de verduras. Recuerdo que había una calabaza enorme, era la primera vez que veía algo parecido en la vida real. Las gallinas eran muchas, unas doce o quince, que todas las mañanas ponían sus huevos. Tremendo desayuno fresco que nos regalaban. Para completar la variedad de animales que allí estaban, me encontré con mis favoritos, los gatos. Había como diez o doce, y todos callejeros.

La vista desde la terraza daba al campo abierto, en donde solo algunas casas estaban a la vista, pero desde luego lo que más resaltaba eran las enormes vías del tren que sobresalían en el horizonte. Por sus rieles pasaba el AVE, el tren a toda velocidad que comunica la capital gallega con el resto del país y algunos trenes de mercancía. Aparte de eso, todo era "monte y culebra", como decimos en mi país.

Tengo que decir que la casa natal de mi abuela, para la época, era más grande que la media ya que dentro de toda la pobreza que abrazaba la aldea, su familia no pasó tantas penurias y, dentro de lo que cabe, nunca les faltó un plato de comida en la mesa.

En la cocina principal, fruto de las remodelaciones, lo primero que impresionaba era la gran mesa de mármol, en cuyo centro se encontraban las hornillas originales, una cocina enorme de color marrón desgastado por el tiempo con su respectivo horno, sus curiosas decoraciones, manillas y puertas. Se preguntarán si funcionaba y, efectivamente, lo hacía, pero su uso primordial, por no decir único, era el de calentar la casa en la temporada invernal. El resto de la mesa era de mármol frío y blanco como la nieve. Recuerdo que justo al lado, en el piso, se podía observar un recipiente con las maderas de repuesto.

El salón era diáfano y bastante simple, pero moderno. En sus paredes colgaban las fotos de Isabel, la hermana de mi abuela, y de Manuel, su esposo, en sus tiempos mozos. También había una colección de otras tantas con demás miembros de la familia, aunque de esas se podían observar en cada rincón de la casa. Fue una grata sorpresa descubrir que en más de una foto aparezco yo junto con mi mamá y el resto de la familia que decidió hacer vida en el país tropical. Fotos de bautizos, comuniones y graduaciones que yo no sabía que existían, aunque los recuerdos volvieron a mi mente como si nunca se hubieran esfumado.

El resto de las estancias eran habitaciones y baños. También hay un par de cuartos más pequeños que ahora sirven de almacén, uno de ellos también hace de nevera y sus paredes de piedra permiten que el lugar permanezca a una temperatura adecuada para mantener el vino fresco.

Lo que más me llamó la atención es que en la parte de afuera, en una de sus paredes, se puede apreciar una placa con estas palabras: *"Esta casa es propiedad del dueño del Pazo de Oca, Conde de Amarante y Parga, Marqués de Camarasa. En 1788 la adquirió Ignacio Caldeiro y Sra. Sucesores: Domingo Caldeiro y María García hasta el año 1851. María Josefa Caldeiro García y José Amigo Amigo hasta el año 1878. Manuel Amigo Caldeiro y Josefa Peña Ares hasta el año 1925. Antonio Amigo Peña y María Reboredo Collazo hasta el año 1931. Reconstruida en 1981 por Manuel Amigo Reboredo y Carmen Rodríguez Fernández".*

Esa placa contenía los nombres de todos mis antepasados, gente que nunca conocí, pero gracias a los cuales, hoy estoy aquí.

Fue allí cuando floreció mi curiosidad acerca de la historia de mis abuelos. Por primera vez había llegado a las raíces, a la tierra que los vio nacer, crecer e irse en búsqueda de un futuro más favorable del que tenían. Desde allí podía entender su historia mucho mejor, comprender de dónde habían venido para entender a dónde han llegado. Desde allí respiraba el mismo aire que ellos, tocaba las mismas paredes que los vio nacer y crecer, pisaba la misma tierra, el mismo suelo y me deslumbraba el mismo sol, con la única diferencia del tiempo... el tiempo que había pasado para todos, para ellos, para mí, para la aldea, para Galicia y, por supuesto, para España.

Es increíble como un lugar puede ser tan triste y tan mágico al mismo tiempo, como puede traer recuerdos tan maravillosos como aterradores. Pero la importancia del lugar radica en su magia, en esa puntería que tiene para juntar a dos seres que están, desde que nacen, destinados a permanecer juntos por el resto de sus vidas.

Me hubiera encantado que mi primera visita a esa casa hubiese sido con mis abuelos; pero tampoco me quejo de cómo pasó todo porque volvería dos veces más, y en ambas, de la mano de ellos, la primera en el año 2018 y la segunda en 2022.

5

El tiempo pasa para todos

La ciudad costera de Cambados era perfecta para nuestros paseos matutinos ya que nuestra casa estaba ubicada frente a una pequeña bahía por la cual se podía caminar. Recuerdo con claridad ese primer paseo en Cambados por la ría, ya que, gracias al tiempo lluvioso, sería el único que haríamos esa semana. El paseo nos llevó más de una hora, pero los abuelos necesitaban caminar y ejercitarse; además, les gustaba y se podía notar por el humor que tenían, que lo estaban disfrutando. Por el camino encontramos viñedos, casas abandonadas, perros furiosos que ladraban a extraños que se acercaban a su territorio, parques infantiles vacíos, rutas desconocidas, caminos de tierra, de lodo, de piedra. Me llevé un susto cuando vi a mi abuelo caminando en zigzag, como si estuviera borracho, y temía que no pudiera estar controlando bien su andar, así que tenía que estar muy pendiente de él.

Ese día me di cuenta de que se aproximaba un mes intenso, en el que no sólo yo estaba ahí para hacerles compañía, llevarlos y traerlos, sino que también tenía que cuidarlos como si fueran unos niños, y de eso tuve la certeza casi inmediatamente cuando, al acabar nuestro paseo, volvimos a la casa y, en un abrir y cerrar de ojos, los abuelos estaban sentados en el sofá, dormidos. No habíamos comido y caía en mí la responsabilidad de estar pendiente de ese tipo de cosas. Así que con lo que encontré en la cocina, me puse manos a la obra.

Tengo que confesar que los abuelos con los cuales me encontré en el 2022 no eran los mismos del 2018, la última vez que los vi en Madrid para mi graduación. Para ese entonces, el abuelo se sentía capaz de conducir en España, estaba con los pies sobre la tierra y cuidaba de sí mismo. Pero todo eso había cambiado. No sé si la causa sería debido al Covid y todo lo que esa situación supuso en cuanto al encierro y al dejar de trabajar, o por la operación a la que se había sometido hacía tan solo unos meses, pero el hecho era que mis abuelos, los dos, no eran los mismos. Mi abuelo caminaba lento, como si tuviera toda la vida por delante y las manos le temblaban a menudo; había que repetirle todos los días la misma historia y el mismo itinerario porque se le olvidaba con frecuencia. A todo esto se sumaba el hecho de que estaba bastante sordo y aunque usaba unos audífonos para la escucha, algunas veces no funcionaban correctamente, pero el abuelo no decía nada y solo se los ponía sin más. Era bastante inquietante ver cómo la vejez no los ha perdonado. Mi abuela, en cambio, ha asumido la vejez de otra manera, quizás más emocional, a diferencia de la física, como en el caso del abuelo. Ella, un día amanecía con ganas de salir, de hacer cosas, pasear, de ver gente, y al otro día ni hablaba y le daba igual ir a cualquier lugar donde la lleven. Ella estaría feliz si pudiera quedarse en casa, no hacer nada y no ver a nadie. Cada nuevo día era un reto para todos; para ellos porque debían lidiar con su estado natural y para mí, que debía tener paciencia, mucha paciencia.

También me di cuenta que el tiempo pasa para todos, pero no de la misma manera. Cuando somos jóvenes, no pensamos tanto en el pasado básicamente porque nos falta demasiado por descubrir, porque nuestra vida apenas empieza, porque tenemos un horizonte enorme de posibilidades por explorar. Sin embargo, cuando ya hemos vivido todo lo que teníamos que vivir, no queda nada más que recoger lo que sembramos y recordar el pasado, una y otra vez, para entender por qué estamos donde estamos y cómo llegamos a ser la persona que somos.

Y es increíble darse cuenta de todas las maravillas que se pueden aprender escuchando a las personas mayores. Ellos son los verdaderos sabios, los que se las saben todas, los que han visto, oído, hecho y vivido todo en la vida.

A mí siempre me gustó, desde muy pequeña, escuchar las historias de mis abuelos, me parecían fascinantes. Sin embargo, eran solo eso, historias de mis abuelos. Con el tiempo y, gracias en parte al viaje que ahora empieza, esas historias se convirtieron en mi adicción, en mi pasatiempo favorito, en una de las cosas que más me gusta escuchar en esta vida, sobre todo si vienen de la mano de mis personas favoritas, de mis héroes.

Porque todos tenemos a nuestros superhéroes favoritos, algunos son ficticios y otros son reales, personas de carne y hueso que respiran, comen, duermen, sueñan. Personas que han pasado por tantas cosas en la vida que ya no saben qué esperar de ella. Y, por supuesto, yo no soy la excepción, yo también tengo mis superhéroes.

6

Un viaje en el tiempo

Al día siguiente, nos preparamos para nuestra caminata obligatoria de descubrimiento del pueblo. Cambados es bastante pequeño, para 2022 su población era apenas de 13.671 personas, según el INE. Es, además, uno de los pueblos gallegos más bonitos que he visitado, con sus calles medievales, sus respectivas iglesias y su población mayormente envejecida. Como dato curioso, Cambados fue elegida en 2017 como la ciudad europea del vino.

Esa mañana caía llovizna, así que tuvimos que recurrir a la compra urgente de paraguas y chaquetas aptas para el clima al que nos enfrentábamos. Mi abuela se decidió por una chaqueta color naranja fosforescente, así nos aseguramos de no perderla de vista y ella, de no empaparse de agua. Mi abuelo, en cambio, tomó una opción más cómoda y sencilla, compartir su paraguas conmigo- si es que a eso se le puede llamar cómodo.

Paseamos un poco por el pueblo hasta que se nos acabaron las calles, así que miré en internet qué sitio había interesante al que pudiéramos escapar de la lluvia que no fuera un bar, y llegamos a la casa museo, la cual era una máquina del tiempo cuyos pasillos nos transportaban a una Galicia muy antigua, desconocida para mí, pero no para los abuelos. Se llamaba

"Casa histórica de Cambados", y albergaba una cantidad impresionante de cosas muy valiosas, tanto por su valor simbólico como económico. Recuerdo ver en la entrada a un gato enorme, gris, con su pelaje perfectamente peinado, sentado en su silla de Rey, cuidando la puerta de los extraños que pretendíamos invadir su territorio. Me acerqué y lo acaricié, estuve un buen rato con él mientras los abuelos rompían el hielo con la anfitriona y guía turística.

Detrás de la silla donde estaba el rey gatuno, había una salida al patio trasero y desde dentro se podía divisar el verde de sus árboles y oler su tierra, húmeda por la lluvia. La señora, un poco mayor que mis abuelos, se presentó muy amablemente y dijo que nos daría un recorrido personalizado por la casa.

La primera sala del paseo estaba a la izquierda de la entrada, era un salón en donde no cabía ni un alma. Recuerdo que había unos sofás muy antiguos, cabezas de ciervos colgados en la pared a modo de colección, armas expuestas que quién sabe de qué épocas serían, un piano hermoso de madera desgastada, un armario muy sencillo pero muy especial que, según nos dijo la señora, databa del siglo XIX y tenía una escritura en castellano antiguo, cuyo texto no soy capaz de acordarme. En el centro y pegada a la pared, se encontraba una chimenea blanca en la cual reposaban unos jarrones pintados a mano con la delicadeza propia de un artista que sabe lo que hace. Había también una armadura, de esas que usaban los caballeros en la guerra. Las paredes, llenas de cuadros de personajes anónimos a los cuales, de alguna manera, se les inmortalizó la existencia a través de la pintura. Al final del salón, una biblioteca que tenía una puerta a un escondite secreto. Cuando la señora la abrió, fue mi momento favorito del día, pensé que esas cosas solo se veían en películas, y ahí estaba yo, frente a frente con una maravilla de esas. Me quedé con ganas de entrar a explorar, pero por razones obvias no se podía.

Continuamos por el resto de la casa y no sabía por dónde mirar; en todas partes había algo, un cuadro, unas esculturas pequeñas, libros, globos terráqueos y álbumes de fotos; uno de ellos nos llamó particularmente la atención. Mi abuelo, mientras miraba las fotos de desconocidos, esbozó una grata sonrisa. Hablaron acerca de lo que iban viendo y lo que recordaban, mientras yo seguí mi paseo independiente por los recovecos del lugar, con los ojos bien abiertos de la impresión. ¿Dónde estará el gato?, pensé de repente. Y ahí seguía, durmiendo en su silla como el rey que era.

La hija de la anfitriona apareció de repente y, después de una breve presentación, nos guió, escalera arriba, al primer piso. Recuerdo las escaleras muy claramente porque eran sumamente angostas, tanto que hice pasar a mi abuela primero para estar detrás de ella, y cuidarla para que no se cayera. Le agarraba la espalda mientras subíamos, más pendiente de sus pasos que de los míos, mientras me fijaba en la decoración de la pared que consistía en cientos de bastones de diferentes diseños en sus agarres. Era impresionante; vi desde cabezas y cuerpos de animales hasta formas esféricas de diferente color y tamaño. No sé cuántos había, pero creo recordar que nos dijeron que era la colección de bastones más grande que una casa museo disponía.

El piso de arriba era otro nicho de recuerdos; uno de los salones estaba lleno de otras reliquias, entre ellas un tocador que tenía una gaveta escondida en otra, donde se guardaban los objetos más preciados. Había también, una colección de billetes en un álbum que incluía las pesetas de la época en sus diferentes versiones. En la pared, una foto de un Coronel, que me pareció que era de la Marina, o tal vez un militar, tomada en blanco y negro a principios del siglo XX, me llamó la atención. El hombre era alto, delgado y seguro de sí mismo, con su uniforme perfectamente colocado, su bigote y esa expresión en la cara que denotaba fuerza, presencia y poder. Pregunté quién era, y resultó ser el papá de la señora anfitriona.

Había otra habitación muy pequeña y poco decorada, la cual constaba de una cama de madera individual muy baja, casi al ras del suelo, un armario -también de madera- de esos grandes cuyas puertas se abren de par en par, un pequeño escritorio, una silla y una mesa de rezo. La mujer nos dijo que así solían ser, muchos años atrás, los dormitorios de las personas y que esa era una reconstrucción bastante general.

En toda la casa, parecía que el tiempo se había detenido. Me encontré con un teléfono antiguo cuyo diseño no había visto jamás; más esculturas, relojes de pared, cuadros y retratos. Ese olor a viejo bien conservado, a humedad y a madera que se expandía por los pasillos, me dieron una sensación de paz que hacía mucho no sentía. Había llevado a mis abuelos a revivir el pasado, mientras que yo lo estaba descubriendo sin saber que ese era solo el inicio de muchas cosas más que estaba por descubrir, no solo acerca del pasado de Galicia, sino también el de mis abuelos y, por ende, el mío.

Por la tarde, llegamos a la casa y nos sentamos en el sofá. Encendimos la televisión para intentar volver al siglo XXI, pero lo que veíamos no era tan interesante como la casa que acabábamos de dejar atrás. Entonces, comenzamos a conversar.

—¿Qué les pareció la visita a la Casa Histórica? — pregunté a los abuelos, quienes se encontraban bien cómodos a mi lado, uno en cada brazo, con la mirada perdida en el televisor.

—Ha estado muy bien— respondió el abuelo.

—¿Les ha traído recuerdos?

—Sí, muchos— volvió a decir Ramiro, interesándose por la conversación y volteando a mirarme.

Sonreí, mientras veía sus recuerdos pasar por su mente. Ellos me han ido contando su historia de a poco durante toda mi vida, pero hay cosas que no recuerdo y otras de las que no tengo ni idea. Y me doy cuenta de que, aunque todavía son capaces de recordar muchas cosas, algunas más detalladas que otras, muchas las han olvidado o les cuesta evocarlas.
Es la condición de la vejez, de los años, de la vida. Todos llegaremos a ello, es cuestión de tiempo. Por lo pronto, ese momento con ellos era lo más valioso y en lo único que podía enfocar toda mi energía.

Al día siguiente, llegó uno de los días más esperados por todos, otro reencuentro familiar.

Esa vez el punto de encuentro estaba un poco lejos, así que tuvimos que coger el coche rumbo a Vigo, y recorrer más o menos unos 52 km de distancia, donde nos esperaban dos de los hermanos de mi abuelo, Otilia y Antonio, ambos menores que él. Antonio vive con su familia en el País Vasco, mientras que Otilia reside en Vigo desde hace muchos años.

Recuerdo la primera vez que conocí a Antonio; era como estar viendo a mi abuelo. Los gestos, las caras, la forma de hablar, la paz que transmitía, el parecido a Ramiro era excepcional. Le agarré cariño inmediatamente. Eso pasó en mi primera visita a Vigo, adonde Antonio viajó con su esposa solamente para conocerme.

Ese día todos estábamos radiantes de felicidad; los tres hermanos por fin estaban juntos después de tanto tiempo y muchos kilómetros de por medio. Nos encontramos en la casa de Otilia, que ya nos tenía preparada una maravillosa comida. Yo estaba feliz de ver a la familia de nuevo y sobre todo de ver a mi abuelo con esa sonrisa adornando su rostro.

—Estaba recordando la primera vez que vine a Vigo a conocer a Otilia y a Pepe— le dije a mi abuelo, mientras contemplábamos la vista de la Ría de Vigo desde el balcón del apartamento, y la suave y fresca brisa nos soplaba en la cara. Fue muy especial, me sentí como una nieta más.

—¡Qué bueno!— dijo mi abuelo.

Otilia se apresuró a salir a nuestro encuentro y corrió a los brazos de su hermano, quedando los dos frente a mí, abrazados y sonrientes, esperando a ver quién decía la primera palabra.

—Me da mucho gusto que estén aquí— dijo al fin Otilia.

—Y a nosotros también, gracias por invitarnos y por la comida—dijo Ramiro, abrazándola con más fuerza, con un brazo enganchado a su hombro. Yo contemplaba la escena con una sonrisa de oreja a oreja.

—Yo quiero mucho a tu abuelo, ¿sabías Vanesa?— me preguntó Otilia.

—Bueno, claro— respondí— sería imposible no hacerlo.

—Es que con él tengo recuerdos muy bonitos de la infancia. Él me cuidaba mucho, ¿verdad Ramiro? — se volteó para preguntarle, esperando su aprobación.

—Sí, bueno, eres mi hermana pequeña y no me quedaba otra opción—todos nos reímos—. Tú me cuidabas a mí también.

—Claro, así tenía que ser—dijo Otilia.

—¿Cómo se cuidaban mutuamente? — pregunté. Se hizo una larga pausa mientras ellos se miraban a los ojos, que se empezaban a llenar de nostalgia y recuerdos bonitos.

—Ella me hacía el desayuno todas las mañanas— dijo Ramiro al fin.

—Ah, sí, claro, tenía que ayudar a mi mamá.

—Yo me despertaba todos los días a las 6 de la mañana para ir a trabajar, y Otilia ya estaba despierta con la leche caliente en la olla y el pan cortado.

—Y tú me comprabas cosas, ¿recuerdas? —agregó la tía Otilia.

—Sí, cuando cobraba, y después de pagar lo que había que pagar y eso, siempre me quedaba algo, poco, pero algo era, y le compraba una ropita y alguna vez me compraba un perfume para mí —dijo Ramiro.

—Así es, me cuidaba mucho, yo me quedaba en casa porque tenía que ayudar a mi mamá con las cosas del hogar. Así era en aquella época, ¿cierto? — preguntó, dirigiendo su atención de nuevo a su hermano.

—Sí, sí, claro. Tiempos arrechos aquellos.

Siguieron abrazados unos instantes, perdidos en sus recuerdos. En ese momento, yo sentí que sobraba, así que los dejé que disfrutaran de su abrazo y de su encuentro.

7
La escuela

Cuando llegamos de nuevo a la casa esa noche, después de más de una hora de camino, estábamos todos agotados, especialmente yo que iba conduciendo todo el tiempo. Por supuesto, después de la comilona que nos zampamos, todavía estábamos haciendo la digestión, así que como ya se estaba haciendo costumbre, nos sentamos los tres en el sofá frente al televisor.

—¿Una cervecita? — pregunté al aire libre, aunque ya sabía la respuesta, que era siempre la misma.

—Sí—, respondió el abuelo.

Me levanté a buscar las botellas de Estrella Galicia que estaban fresquitas en la nevera.

—Abuela, ¿tú vas a querer una también? — pregunté, asomando mi cabeza por la puerta de la cocina.

—No mami, gracias.

La abuela no era de beber mucho, y menos cerveza, disfrutaba más una buena copa de vino y un chupito de orujo dulce, su favorito. Así que le preparé uno.

Me senté en el sofá al lado de mi abuelo y repartí las bebidas correspondientes, brindamos por otro día más y enfocamos nuestra atención en el telediario. Luego de ver algunas noticias interesantes, me entró curiosidad por conocer otra historia de mi abuelo, aprovechando los recuerdos que pudieron surgir en nuestra visita a Vigo con sus hermanos.

—Abuelo, cuéntame de tu infancia en la aldea, quiero saberlo todo.

—Uy, esa es una historia muy larga.

—Bueno, tenemos tiempo, tampoco me la tienes que contar toda esta noche.

—¿Qué quieres saber? — preguntó el abuelo, cediendo al fin a mis caprichos y esbozando una grata sonrisa que dejaba ver sus dientes desgastados por el tiempo.

—Pues no sé, algo lindo que recuerdes de tu infancia, lo primero que se te venga a la mente ahora mismo.

Y el abuelo después de una pequeña pausa, mientras su cerebro procesaba, a su tiempo, toda la información, empezó a recordar.

—Yo estuve hasta los 7 años, más o menos, en casa de mis abuelos maternos en la parroquia de Cira, en Silleda.

—Eso era porque a los niños había que apartarlos de sus madres para destetarlos y por eso Ramiro se va a casa de sus abuelos—, interrumpió la abuela—. Ahí se quedó bastante tiempo destetado. Pero él no quería irse de esa casa porque estaba feliz, lo trataban muy bien. Su mamá iba y le decían: "escóndete, escóndete", para que no lo vieran y no se lo llevaran. En ese momento, nadie sabía dónde estaba el niño Ramiro. Eran los abuelos alcahuetes.

De pronto el telediario ya no era tan interesante como lo que mi abuelo me estaba contando, así que Placeres decidió participar de la conversación, aunque a su manera de siempre, interrumpiendo.

Las risas que acompañaban ese momento eran genuinas, porque además esas revelaciones me sorprendían mucho ya que ese tipo de rituales no existieron para mi mamá o mi tío, y mucho menos para mí. Entonces, el pensar que mis abuelos pasaron por ese tipo de situaciones era algo verdaderamente nuevo.

Necesitaba seguir escuchando cómo había sido la infancia de mi abuelo, según las situaciones que iba recordando.

—Recuerdo que ahí, en Cira, estaba muy consentido— dice Ramiro, con su sonrisa pícara, como si volviera a ser aquel niño—. Mis tías venían y me traían caramelos y galletas, sería para no estarlas molestando con mis travesuras de niño.

Todos nos reímos.

—Pero a los 7 años todo cambió— continúa—. Me llevaron a la escuela en Piñeiro, donde nací. Por las mañanas asistía a clases y por la tarde me quedaba con mi abuela paterna que se llamaba Paulina. Con ella, la relación era muy bonita, nos queríamos mucho y recuerdo que ayudaba a mi mamá con los trabajos del campo.

—¿Cómo trabajabas tú en el campo? —pregunté.

—Lo mismo que la abuela, con las vacas y el arado.

—¿Y cómo era la escuela?

—Fuimos a la escuela hasta los 14 años, más o menos. La maestra que teníamos era buena, pero también era mala, era estricta.

—Cuando hacíamos el dictado, venía la maestra y nos corregía— agregó la abuela.

—Y en la mesa tenía una varita para pegarte en la cabeza cuando hacías algo mal— acotó el abuelo entre risas.

—Sí, nosotros estábamos todos juntos ahí... no había grados, ¿sabes? —dice Placeres.

—Sí que había... 1ero, 2do y 4to...

—¿Y el tercero lo saltaban o cómo? — pregunté entre risas.

—En el primero era el silabario, luego la lectura, la escritura...— intentaba recordar el abuelo.

—El silabario— dijo la abuela riéndose—. Eso eran las letras, luego venía la unión de las letras y esas cosas. Entonces, mi padre me sentaba en una rodilla y me decía: "venga para acá, esto se llama A "— explicaba mientras hacía el gesto de su padre estudiando con ella: "Esta es la B, esta es la C". Y yo con 5 años. Luego me mandaba a repetir: "a ver... ¿qué letra es esta?" y si yo no sabía... ¡bum! ¡toma, otra zurra!

—Tenía mucha paciencia el hombre...— dije, con una expresión de horror en el rostro.

—Sí, mucha, por eso me sentaba y me agarraba así el pelo—decía la abuela, mientras me agarraba un mechón de cabello y lo jalaba con fuerza.

—¡Ay, abuela!, eso duele..., —rechisté.

—¡Ah! para que veas la paciencia que tenía mi padre, le encantaba pegarme en mi cabecita, así era la educación a esa edad.

—Es que nuestros padres no fueron a la escuela— comentó Ramiro— mis padres no sabían leer, si acaso sabían hacer su firma.

—Cuando nosotros nos fuimos a Venezuela, ellos quedaron todos en la casa menos Ramiro. Y en esas épocas yo le escribía una carta a la mamá de Ramiro, ya que era la única que me contestaba, y yo tuve que aprender a leer su letra—, contó la abuela riéndose. Un día se la llevé a mi papá y le dije: "mira lo que escribió la mamá de Ramiro" y no supo leer lo que decía.

—Pero ella más o menos se defendía algo. Nosotros no teníamos escuela en la parroquia—dijo el abuelo.

—Yo sí tenía escuela, en O Basteiro, así estaba yo de chiquita que me perdía.

—Pero no era una escuela nacional, era la casa de alguien que daba clases ahí...

—No sé, a mí me parecía un colegio, estaban todos los chamos... y lo que quería yo era jugar con las niñas que había, pero no nos dejaban; claro, había que ponerse en la mesa; a veces cuando había recreo, sí jugábamos. No me cansaba de jugar.

—Entonces, ¿ustedes no fueron juntos al colegio?—pregunté.

—No, fuimos juntos más tarde... —respondió la abuela.

—Yo empecé a ir a los 8 años, en Cira.

—Ahí estábamos en la misma sala, las mesas eran así largas y estábamos uno al lado del otro... que para escribir, ya ves, lo bien que venía... unos ahí junto a los otros... que ni la maestra sabía lo que estábamos escribiendo—dijo la abuela entre risas.

—Pero había pupitres también, para dos...— agregó el abuelo.

—No— lo contradijo ella.

—Sí... había unos pupitres...

—Había unos pupitres que eran para dos pero, ¿y si había más chamos que pupitres?— dijo Placeres.

—Pero no eran unas mesas largas como tú dices....

—Ah no, ¿y cómo eran?— preguntó la abuela.

—No sé mami, no sé, quizás tú hablas de otra escuela que no era la mía...— dijo él mientras se reía.

Y así podían estar mis abuelos discutiendo sobre las mesas por horas...

—Nosotros no íbamos siempre, y la maestra peleaba con mis padres y les decía que tenían que mandarme todos los días a la escuela—contó Ramiro.

—Pero eso a los padres no les importaba un coño...—intervino la abuela.

—Es que nosotros teníamos que trabajar en la tierra y sembrar, ir con las vacas y eso... y en el verano ya teníamos vacaciones... pero esa maestra era buena, doña Benigna se llamaba.

—Era buena porque si te enseñaba algo en clase tenías que aprenderlo.

—Y nos decía que teníamos que aprender algunas cosas de la enciclopedia de memoria, y había otro libro, un manuscrito que hablaba de la guerra y de Franco.

—Pura historia—dije yo.

—Sí, solo historia...—respondió Placeres.

—La enciclopedia sí tenía más cosas, pero no era nada del otro mundo— dijo el abuelo.

—Y había que estudiar la tabla también... de sumar, restar y multiplicar.

—Ok, también aprendieron matemáticas básicas—, dije.

—Nos aprendíamos la tabla por orden, pero si nos mandaban a saltarla... ya era más complicado—, comentó el abuelo entre risas.

—Mi papá jugaba dominó y ahí sí se sabía todos los números— la abuela se reía al contar— sabía las fichas que tenía y las que faltaban.

Cuando dijo eso me hizo acordar que, en la casa de Higuerote, jugábamos mucho al dominó. Mi abuelo me enseñó a contar las fichas, a jugar con estrategia y a pensar el juego. Era parte de nuestra rutina nocturna durante las cálidas noches en la casa de la playa.

—Y también hacíamos copiado y dictado— dijo la abuela, mojábamos la pluma en el tintero y empezábamos.
Es muy interesante para mí escuchar a mis abuelos hablar sobre su infancia, que es la etapa más importante de la vida

de un ser humano. La infancia nos marca de por vida y moldea nuestro futuro. La de mis abuelos fue dura, también porque son hijos de su época y de su contexto, pero por lo mismo no permitieron que sus hijos pasaran por las mismas circunstancias. Si los padres de mi abuela habían sido duros con sus hijos, mi abuela quería ser la más cariñosa de las madres. Si mi abuelo no pudo estudiar, sus hijos tendrían todas las oportunidades para hacerlo. En esta familia, ciertas historias estaban destinadas a no repetirse; otras, sin embargo, no corrieron la misma suerte.

8
Los primeros trabajos

—Cuando cumplí los 14 años —continúa mi abuelo con su historia— dejé de ir a la escuela y empecé a trabajar en las vías del ferrocarril, esas que pasan cerca de la casa de mis padres.

—¿Construiste esas vías? — pregunté curiosa.

—No, mi trabajo era vaciar los vagones que venían llenos de escombros para rellenar las vías.

—Entiendo, ¿y cómo llegaste allí?

—Bueno, un día estaba en casa jugando pelota con mis hermanos y viene un señor y le pregunta a mi papá si a mí me gustaría ir a trabajar a la estación, que él me daba trabajo como ayudante de albañil y yo podía aprender un oficio. Cuando me lo propusieron, acepté.

—Pero eras muy pequeño... tuvo que haber sido duro— le dije.

—La primera semana fue muy dura, además me mandaron a hacer trabajos de obrero y albañil para los que yo no estaba capacitado todavía ya que tenía que descargar la arena, las baldosas y hacer el cemento que se iba a poner en el piso de los andenes de la estación, era un trabajo realmente muy duro para un joven. Recuerdo que a los pocos días ya tenía los zapatos todos rotos y me sangraban los pies. Un obrero vio lo que me estaba sucediendo y regañó al albañil y al otro ayudante porque yo no debería estar haciendo ese trabajo; sin embargo, y con el paso del tiempo, el jefe vio que se me daba bien, que era bueno en lo que hacía y era trabajador, así que me subieron de cargo, me dieron el puesto de obrero y al que era obrero lo pusieron de ayudante. Es decir, yo iba de ayudante de albañil y terminé como obrero.

Mientras contaba esto se reía todo el tiempo, como si de una situación absurda se tratara. Y claro, los listos que quisieron aprovecharse de su inocencia terminaron castigados y mi abuelo, para ese entonces un niño, acabó premiado, sin saber que era el inicio de una gran carrera en el mundo de la construcción.

—Tenía un maestro que era el que me enseñaba todo—continuó con su relato— pero él tuvo un problema con una novia y se tuvo que ir a Venezuela, parece que la dejó embarazada y lo estaban buscando para casarlos. Así que me traen a otro ayudante para terminar el trabajo.

—Era muy común eso, ¿no?, con el tema de los embarazos—pregunté por curiosidad.

—Sí claro— respondió el abuelo— si una mujer se quedaba embarazada había que casarse con ella y asumir la responsabilidad y la paternidad. Si la mujer tenía un hijo sola porque el hombre no se responsabilizaba, era muy difícil que otro hombre lo hiciera y, por lo general, esas mujeres eran madres solteras por mucho tiempo. Entonces, así fue como poco a poco me fui insertando en el ambiente laboral que había en ese momento, me llamaban para diferentes trabajos e iba con el maestro a aprender diferentes cosas.

"A los 18 años me compré una bicicleta y me fui para A Brea, en La Coruña. Me ofrecían 25 pesetas por 8 horas de trabajo al día y después me lo aumentaron a 35. Trabajé en varias casas de las aldeas de ahí. Recuerdo que no me gustaba mucho el maestro porque no me dejó ir a la fiesta de inauguración del ferrocarril. Según él, no iba a dejar que sus empleados asistieran a un acto que lideraba un dictador asesino. Yo quería ir, no por Francisco Franco ni mucho menos, sino porque me hacía ilusión ver el resultado de algo en lo que había trabajado tanto tiempo y además reencontrarme con mis compañeros y la gente del pueblo. Ese día decidimos empezar a montar la pared desde muy temprano, sobre las 5 de la mañana, para acabar pronto e intentar asistir al acto, así que a eso de las 11 a.m. ya estaba completa y yo muy cansado, así que me fui a echar la siesta. Cuando desperté me encontré con la pared completamente destrozada. Lo que pasó fue que el maestro le ordenó al ayudante que le echara la tierra para rellenar y todavía estaba fresca, con lo cual no aguantó el peso y se derrumbó. Pero él sabía que eso iba a pasar y, aun así, dio luz verde para hacerlo, por supuesto el ayudante lo hizo y no fue su culpa, él no tenía por qué saber que no era lo mejor. El maestro hizo eso para darnos más trabajo y no poder llegar a tiempo al acto inaugural. Después de esa situación y una vez terminado el trabajo, le dije que más nunca volvía a trabajar para él. Y así fue".

El ferrocarril del que hablaba mi abuelo en esta parte de la historia es el que inauguró Francisco Franco el día 8 de septiembre de 1958. En esas obras trabajaron más de 10.000 personas, entre ellas Ramiro en su juventud.

—Luego conseguí otro trabajo con un maestro que era muy bueno pero su forma de trabajar era muy conservadora— continúa el abuelo—. Todos los días teníamos que esperar a que él llegara y nos diera instrucciones, a veces tardaba dos días en venir y los dueños de las casas se molestaban porque nos veían ahí sin hacer nada, esperando instrucciones. Así que un día tuvimos que empezar a trabajar sin instrucciones, porque nos estábamos atrasando. Los dueños de la casa dijeron que se hacían responsables y que confiaban en nosotros en que supiéramos hacer nuestro trabajo. Nos trataban muy bien. Recuerdo un día en que la dueña de la casa se fue a la taberna que estaba enfrente y dio órdenes de que a nosotros, los trabajadores, nos enviaran una jarra de vino y un pedazo de pan todos los días. Uno de esos días no nos tomamos el vino completo y la señora nos dijo: "si no se toman el vino, lo tiran, porque si Antonio ve que no lo están bebiendo, no les manda a traer más"—Ramiro reía con fuerza al recordar ese momento, lo vivía como si hubiese pasado ayer —. Con este maestro también había otro problema y era que nunca pagaba a tiempo y cuando pagaba lo hacía a medias. Recuerdo una vez que corría el mes de mayo y siempre había alguna fiesta en Lamela, entonces yo iba a ir con Placeres, que era mi novia en ese momento, y quería ir de punta en blanco, muy bien vestido y perfumado. Yo tenía un sastre que me hacía el traje a mi gusto y medida, entonces le mandé a hacer uno para esta fiesta y le pagué la mitad, dejando la otra mitad para cuando el traje estuviera listo y así me daba tiempo a que el maestro me pagara lo que me debía. Pues resulta que llega el día de la fiesta y yo no tenía el dinero, así que no fui a buscar el traje, sin embargo, el sastre decidió que era buena idea llevarlo a mi casa. Yo no estaba cuando eso pasó, lo recibió mi padre pensando que ya estaba todo pagado, al parecer el sastre le dijo que todo estaba bien y que podía quedarme con el traje, pero nunca lo usé. Fui a la fiesta, claro, pero sin el traje nuevo que no había terminado de pagar.

Una cosa que siempre he admirado de mi abuelo es su nobleza. Él es de esas personas que tiene que hacer todo correcto, las cuentas claras y las cosas como son. Quizás otra persona en su lugar sí hubiera utilizado el traje, pensando que ya le pagaría el resto del dinero en algún momento, pero él, no. Mi abuelo es un ser que da todo sin esperar nada a cambio, que basta con que alguien le comente de un problema para que él ya esté pensando en las soluciones. Mi abuelo es noble de alma y corazón, es de los que cumple con lo que tenga que hacer y luego, si fuera necesario, manda a todos a freir tequeños, como ya me contó que hizo con más de un "maestro" cuando era joven. Es increíble cómo, desde tan chico, ya tenía esa mentalidad de hacer las cosas correctas, de terminar lo que empieza, de ser fiel a sí mismo sin importar las circunstancias, de no dejarse pisotear, pero también saber cuándo retirarse con la frente en alto, sin importar lo difícil que sean las circunstancias en ciertos momentos, porque son solo eso, circunstancias que pasarán.

—A los 19 años me voy a Pontevedra con un buen trabajo—retomó el abuelo—. Ya el status de mi vida había cambiado. Placeres y yo éramos novios y yo tenía más posibilidades de ir a visitarla. Me iba en el tren por la mañana hasta Piñeiro y pasábamos el día juntos; luego al caer la tarde, ella me acompañaba hasta la estación para que yo tomara el tren de vuelta.

—¡Qué romántico!— exclamé— Eso sí que era amor.

—Sí,—dice Placeres riéndose— amor del bueno.

—Un día se me fue el tren y no tenía cómo ir a verla—continúa el abuelo—entonces un amigo que tenía moto me dijo que él me llevaba y nos fuimos, pero nunca llegamos, nos quedamos debajo de un camión.

—¡¿Debajo de un camión?!— pregunté asombrada.

—Así es, nos accidentamos—responde—. Desperté en el hospital de Pontevedra, tenía un corte leve en la pierna izquierda que me habían cosido y estuve dos meses con la pierna vendada hasta que me sacaron los puntos. Yo, por supuesto, no había comentado nada de esto en mi casa para no preocupar a la familia, pero como entre cielo y tierra no hay nada oculto, al final se enteraron porque salió la noticia en el periódico. Así que mi padre, en lo que se enteró salió corriendo al hospital, y Placeres también fue a visitarme junto con Isabel.

Escribiendo estas líneas me di cuenta de todo lo que he aprendido de mi abuelo y que, sin saberlo, estaba internalizando, como el trabajar duro a pesar de las condiciones cuando no hay otra opción o, al menos, hasta que aparezca una mejor; el saber lo mucho que valemos y hasta dónde somos capaces de aguantar una situación para luego salirnos de ella de la manera más conveniente posible y seguir con nuestra vida en búsqueda de algo superador. Todas estas enseñanzas de lucha, de salir adelante a pesar de lo complicada que pueda ponerse la vida, las aprendí de mi abuelo, sin duda alguna.

Porque no hay mejor ejemplo que el que se da con los actos. También con palabras, aunque estas son más propensas a dejarse llevar por el viento. Los actos de bondad que yo veía y sigo viendo en mis abuelos, no los encuentro en nadie más.

Recuerdo nuestra vida en Caracas, todas las ocasiones en las que mi abuelo fue llamado para resolver algo, cualquier problema, desde una llave de agua rota hasta ir a buscar a una nieta al colegio porque se ha quedado hasta tarde. Cualquier cosa que le pedíamos al abuelo, él resolvía, siempre. Su lenguaje del amor es el servicio, el estar siempre disponible para ayudar a los demás.

9
Combarro y con hórreos

Otro día, otra aventura, otra historia que contar. Como cada mañana, me despertaba pensando en el itinerario del día, pero, lamentablemente, ese fue uno de los días en que el clima gallego no perdonó y tuvimos que estar en casa.

Todos los días era la misma rutina. Mi abuelo se levantaba primero de la cama, aunque siempre era el último en acostarse, y le llevaba el café recién hecho y calentito a la cama a mi abuela, porque ella para levantarse era todo un tema. Si por ella fuera, estaría ahí descansando y viendo la televisión siempre, todos los días. En cuanto al desayuno, la fruta era la protagonista en la dieta de mi abuelo, a diferencia de la abuela, que estaba contenta con un par de magdalenas y cualquier guarrada dulce que pudiera encontrar.

Al salir de mi habitación, lista para empezar el día, vi que mis abuelos ya habían resuelto el café y el desayuno. Los encontré en el sofá viendo las noticias matutinas. Como no había mucho que hacer, nos sentamos a hablar. Me contaron con lujo de detalles el infierno por el que habían pasado unos meses antes cuando mi abuelo estaba en el hospital. Yo solo escuchaba y, por dentro, agradecía a la vida por darme la oportunidad de estar con ellos, con los dos, paseando por las calles frías y mojadas de Cambados y escuchando de sus propias bocas una historia que, aunque terminó con final feliz, pudo no haberlo hecho.

La tarde mejoró y nos fuimos rumbo a las calles principales de Cambados, con nuestro ánimo a tope y nuestro cuerpo listo para quemar algunas calorías. La amenaza de lluvia seguía latente, así que salimos preparados para afrontar cualquier tipo de situación que se nos pudiera presentar, y me refiero al abrigo "anti-pérdida" de mi abuela y un paraguas para compartir con mi abuelo. Pero no contábamos con una muy importante: la cena.

Algo que siempre he encontrado curioso sobre la cultura española es el horario tan cronometrado que tienen para todo y las extrañas horas en que reparten su tiempo entre la jornada laboral y la vida personal. Los horarios laborales, en la mayoría del sector servicios, son jornadas partidas de cuatro horas por la mañana y cuatro por la tarde, con tiempo entre medias para comer y echar la siesta. Nunca fui capaz de adaptarme a esa rutina, aunque no niego que alguna vez me benefició de la siesta.

El horario de comida está definido, si se llega antes, hay que esperar y si, por el contrario, se lo hace después de lo establecido, ya no habrá servicio o el sitio estará cerrado. Desde luego que esto no es así en todas partes ni en todos los lugares. Los sitios más turísticos no siguen esta regla porque no les conviene, pero en los pueblos donde no hay mucho turismo la norma predomina. Y como ya saben, yo estaba a cargo de dos niños grandes que había que alimentar y, si era en hora, mejor. Así que siempre, todos nuestros planes o giraban en torno a los horarios de comida, o involucraban comida de alguna manera, para que no se pierdan las costumbres españolas, claro.

Eran alrededor de las 16:00, cuando salimos a pasear y sobre las 19:00 llegamos a un restaurante cerca de la casa, en donde habíamos estado unos días antes con mis tíos. Era una opción buena y segura, solo que, como ya pueden imaginarse, no daban comida hasta las 20:00. Nuestra cara de decepción fue un poema. No estamos acostumbrados a eso porque en Venezuela las cosas no funcionan así, uno puede ir a comer o cenar más o menos a cualquier hora y siempre habrá quien atienda. Allí nos cerraron la puerta en la cara, así que volvimos a adentrarnos en las calles del pueblo a ver qué conseguíamos y terminamos cenando en un restaurante bastante malo, la verdad. Pero de los errores se aprende, así que más nunca pisamos ese lugar y, a partir de ese momento, yo me tomaría mucho más en serio el tema de la organización del día teniendo en cuenta las horas de comida o cena, según lo que quisiéramos hacer.

Al día siguiente, debíamos estar en Vigo para el café de la tarde, así que una vez aprendida la lección, había que ponerla en práctica. Esa noche miré en internet algún lugar bonito al que pudiéramos pasar de camino a Vigo, y lo que encontré me sorprendió gratamente.

¿Se acuerdan de la historia que les conté de los hórreos? Pues imagínense que existe un pueblo, hermoso por cierto, dedicado al hórreo. Se llama Combarro, un pueblo costero que se encuentra a unos 27 km al sur de Cambados y a 31 km al norte de Vigo, nuestro destino final ese día, por lo cual al ser mitad de camino, era la parada perfecta para tener nuestro paseo diario y, además, para comer el dichoso pulpo, un manjar que no puede faltar en la dieta de los gallegos y de cualquier persona que visite sus tierras.

La cantidad y diversidad de hórreos que encontramos en ese pueblo nos dejó muy sorprendidos. El paseo empezaba en una plaza y continuaba por una calle muy estrecha; por un lado, desfilaban los hórreos, colocados uno al lado del otro mirando a la ría y, por el otro, casas de piedra convertidas en tiendas y restaurantes. Fue uno de los paseos más bonitos que hicimos. Ahí comimos un "pulpo a feira" que, según mi abuelo, no era el mejor que había probado y, si el experto en pulpo lo decía, pues por algo sería.

Una vez llenadas las barrigas, fuimos rumbo a Vigo donde nos volveríamos a encontrar con los hermanos de Ramiro. Esa semana fuimos unas tres veces para allá, ya que Antonio y su familia, que habían venido desde el País Vasco, se quedaban por una semana. El tiempo estaba muy limitado, así que había que aprovecharlo al máximo.

Esa noche del 8 de septiembre de 2022, mientras cenábamos en familia, llegó una noticia que daría la vuelta al mundo: la Reina Isabel II de Inglaterra había fallecido.

Nunca olvidaré esa cena. Y la siguiente tampoco, que sería la última antes de que Antonio y su familia partieran de nuevo rumbo al País Vasco.

Era un sábado de esos muy calurosos en Galicia, donde el sol brillaba con todo su esplendor y era perfecto para ir a la playa pero, en cambio, estábamos en un restaurante con unas vistas maravillosas de la Ría de Vigo y una comida excepcional. Éramos 12 personas en la mesa.

Yo me senté junto a Carlos y Maribel, dos personas muy importantes las cuales todavía no he mencionado. Ella es la hija de Antonio, el hermano del abuelo y él, su esposo. Ellos viven en San Sebastián, una de las ciudades más hermosas que he visitado en España; llevan muchos años casados y son tan opuestos que se complementan de maravilla. Maribel es callada, reservada, se limita a sonreír y hablar cuando cree que tiene algo que decir, adora a sus padres y siempre estaba ayudando a su mamá a caminar, ya que tiene un problema en la pierna que le dificulta andar por sí misma. Maribel irradia paz, alegría, dan ganas de abrazarla, de contarle tus cosas, tus miedos, tus deseos y sabes que siempre estará dispuesta a escuchar y tendrá más de mil palabras de confort y alivio. Carlos está cortado con otra tijera. Es un tipo mucho más extrovertido, le encanta hablar y escuchar; además, es una biblioteca andante, sabe mucho de historia de España, y lo que no, lo aprende. Con él tuve una conexión inmediata porque somos iguales en muchos aspectos; nos encanta la historia, viajar, somos curiosos, hablamos hasta de los temas más tabúes y tuvimos conversaciones muy profundas e interesantes.

Con nosotros se sentaron también los niños Lucía y Martín, de 12 y 6 años respectivamente. Son los nietos de Otilia y serían como unos primos segundos míos. Lucía es una niña tranquila pero con carácter, muy inteligente y muy estudiosa, un poco tímida también, hasta que coge confianza y no hay quien se salve. Martín, en cambio, es mucho más inquieto; también es muy inteligente y curioso, siempre tiene algo que decir o preguntar, aunque a su manera. Tiene un carácter más obstinado que su hermana a pesar de ser más pequeño; le encanta jugar, saltar, correr, ir y venir... es un torbellino de alegría, un huracán que arrasa todo lo que encuentra. Con ambos tuve una conexión muy linda desde el primer día que los conocí.
Para completar el cuadro, los padres de Lucía y Martín no podían faltar, José Antonio es el hijo de Otilia, un señor muy callado, tranquilo y relajado. Su esposa, Monserrat, es

muy parecida a él aunque se ve que tiene un carácter más fuerte.

En el resto de la mesa estaban los viejos mezclados entre ellos, hermanos y cuñados, todos hablando de sus cosas, poniéndose al día y pasando un rato ameno.

La foto familiar de ese día fue hermosa, con la sonrisa de todos como protagonista y de fondo, la Ría de Vigo, iluminada por el candente sol y un cielo despejado que añadía todavía más perfección al retrato.

La despedida no pudo haber sido más perfecta, a pesar de ser eso, una despedida.

10

Santiago de Compostela

Llevábamos una semana en Galicia y ya habíamos tardado en pasar por Santiago de Compostela, la capital y ciudad principal. Fuimos especialmente a sacar los DNI de mis abuelos.

Lo curioso es que mi abuelo ya tenía un número de identificación de cuando era joven, que ni él mismo recordaba con exactitud, mientras que para mi abuela era la primera vez con un DNI español y la última, porque para ambos, la fecha de caducidad era en el año 9999... Ya quisiera yo que me duraran tanto mis viejos.

Al salir de la comisaría de policía con los DNI ya listos, nos fuimos a pasear por Santiago. Anduvimos sin rumbo alguno hasta que llegamos al hermoso Paseo da Alameda y, justo antes de adentrarnos en el bosque, pasamos por al lado de una reportera de televisión con su camarógrafo. Recuerdo bastante claro el haberme colocado la capucha del abrigo para evitar chocar miradas y que pudiera venir a entrevistarme, porque eso era lo que estaba haciendo, pillando a gente random en la calle y yo, después de haber madrugado y lidiado con todo el estrés que conlleva llegar a tiempo a una cita, no tenía ni la cara ni el ánimo para salir en televisión nacional. Y creo que de alguna manera lo atraje, porque si bien logramos esquivarlos, no tardaron en llamar mi atención. Recuerdo haberle dicho a los abuelos que caminaran más rápido para que no viniera la reportera, pero ya era demasiado tarde, me había puesto la cámara en toda la cara y me estaba preguntando sobre el clima...¡el clima! yo qué sé del clima... yo estaba paseando ahí como cualquier turista y esta mujer me hacía preguntas como si fuera una experta en meteorología. No supe muy bien cómo reaccionar, sólo pude decir que para la mala fama que tiene Galicia de ser un sitio bastante lluvioso y frío, esta vez nos estaba dando un poco de tregua y nos dejaba pasear a la luz del sol y poder disfrutar de días maravillosos. También hice énfasis en que llevábamos pocos días por la zona y éramos turistas. Mientras tanto y detrás de cámaras, mis abuelos me veían responder a todas esas preguntas sin ningún reparo, con esa sonrisa de orgullo en sus rostros.

Y por si se lo preguntan... no, nunca supe qué pasó con esa entrevista, si al final salí en el telediario de esa noche o no, la verdad es que ni me acordaba de qué canal era y mucho menos de estar pendiente de las noticias. Y mejor así, sinceramente no me apetecía ver mi careto trasnochado en televisión nacional hablando del maravilloso clima de Galicia.

Más tarde fuimos a comer al restaurante de un querido amigo mío, ahí en Santiago. Es increíble la cantidad de cosas buenas y bonitas que hemos logrado los venezolanos en el extranjero. Mi amigo Fran y yo nos conocimos en la Universidad Central de Venezuela. Lo que nos unió fue la política, las ganas por construir un país nuevo. Él estaba un año más adelantado que yo y, hasta donde recuerdo, nunca había estado particularmente interesado en hacer política estudiantil, lo suyo eran las palabras, las letras, los libros, la academia. Pero por eso de que la vida da muchas vueltas, terminamos a la cabeza del centro de estudiantes, él como presidente y yo como su adjunta. A partir de ahí, surgió lo que para mí fue una linda amistad.

Por cosas de la vida resultó tener su propio restaurante, al cual manejan él y su mamá, quien, a sus 60 años, decidió emigrar de Venezuela y empezar de cero en Galicia. De modo que ahí están los dos, batallando todos los días como cientos de miles de venezolanos que emigramos en los últimos 10 años, que es donde más se concentra la diáspora venezolana, a partir del 2013-14.

Recuerdo a mi abuela siendo excesivamente amable con la mamá de Fran mientras nos servían la mesa. Ella estaba encantada; supongo que el lazo que nos une a todos es demasiado fuerte y solo por eso nos tratamos diferente, porque entendemos por lo que hemos pasado, lo que hemos dejado atrás, lo difícil que es dejar a los seres queridos en un país que va en caída lenta. Solo nosotros entendemos lo especial que son los momentos que pasamos juntos por más cortos o pocos que sean. Solo quien emigra es capaz de saber lo que se siente.

Por supuesto, en esta comida no podía faltar un vino blanco para la abuela y un par de cervezas para el abuelo y para mí. Porque el abuelo es fan de la Estrella Galicia y yo, también.

Esa noche, cuando llegamos a la casa después de un largo día de paseo, nos sentamos a ver la televisión, pero no pasó mucho tiempo hasta que me entró curiosidad por seguir escuchando a mis abuelos y sus historias.

11
El cortejo

Mis abuelos nacieron con tres días de diferencia y unos 600 m de distancia. Placeres, el día 13 de marzo de 1941, y Ramiro, el 16 de marzo del mismo año. No sé si fue el destino o la casualidad, pero fueron hechos el uno para el otro, de eso no tengo la más mínima duda. Desde muy pequeños se conocían y fueron a la escuela juntos, la única que había en la aldea. "Desde muchachitos estábamos juntos con las vacas", me dijo mi abuelo esa vez, cuando quise sacarles el tema del noviazgo.

Estaban los dos revisando sus teléfonos celulares muy concentrados, cuando empecé a preguntarles.

—Bueno, ¡cuenten!—quiero saber cómo se enamoraron—les dije con impaciencia, porque deseaba saber toda la historia.

—Fuimos a la escuela juntos, pero no éramos novios—dice Ramiro. Novios fuimos después. Y éramos novios entre paréntesis, porque éramos jóvenes todavía.

—Ah, entiendo, nada oficial—dije.

—No, además él estaba con otra —dijo Placeres, destapando así un culebrón[2] del cual estaba a punto de enterarme.

—¿Cómo que estabas con otra?—pregunté exaltada con los ojos bien abiertos, en tono amenazante.

—Es que a Placeres no la dejaban salir, ni a las fiestas podía ir— dijo Ramiro intentando explicarse—. A tu abuela no la dejaban ir a las fiestas, no a todas al menos, y yo pues sí solía ir, sobre todo a las de verano. Yo trabajaba muy duro para ganar muy poco, pero aun así lo poquito que ganaba lo gastaba en ropa para mi hermana y algo de comida. Una vez recuerdo que me compré mi primer perfume, me gasté todo lo que me quedaba pero había que tenerlo, porque se venía la época de fiestas y me gustaba estar presentable, oler bien.

—Todo un caballero el abuelo —dije orgullosa.

—Éramos todos unos jovencitos, tendríamos 15 o 16 años. No era lo mío cortejar mucho a las chicas, yo estaba más pendiente de trabajar y ganarme la vida como pudiera. Además, había que tener cuidado porque al ser un sitio tan pequeño, todos nos conocíamos y los chismes corrían como agua en el río.

---

[2] Telenovela de carácter melodramático, sensiblero, lacrimógeno.

—Sí—dijo la abuela, cabizbaja—así eran las cosas en esa época. Situaciones muy duras para algunos, sobre todo para las mujeres.

—¿Entonces cómo empezaron a salir? —pregunté.

—Mira Vane—comentó la abuela — cuando yo tenía como 17 años, mi hermana y yo nos fuimos a una fiesta. Ahí vi a Ramiro, después de mucho tiempo sin verlo. Él vivía cerca de nuestra casa, pero yo nunca miré hacia él. Pues ese día le dije a una amiga: "mira a Ramiro de Soutelo, lo que ha crecido. ¡Está guapísimo!". Pero ya, más nada. Luego, como a los 18 años fuimos a otra fiesta que nos invitó un tío y veo que llega Ramiro con su amigo, que venían de ver a sus novias, digo yo. Mi hermana y yo estábamos ahí esperando que nos sacaran a bailar, entonces se me acerca el amigo de Ramiro y me dice: "mira Placeres, ¿tú quieres bailar con Ramiro?", y yo le digo "no", y me dice "¿por qué? tú bailas con Ramiro y yo con tu hermana", a lo que accedí.

—¿Cómo sabías que venían de ver a las novias?—pregunté.

—Porque más o menos sabía dónde las tenían y quiénes eran—respondió la abuela—entonces bailé con Ramiro y su amigo con mi hermana. Y ahí nos quedamos pegados todo el tiempo, si paraba la música uno se paraba y si sonaba bailábamos y así todo el rato, pero sin mucha conversación porque él venía de ver a su novia.

—Sí, más o menos así fue—dijo el abuelo— tu abuela estaba ahí y un amigo me dijo "mira ahí está Placeres", entonces me acerqué y la invité a bailar... y ahí fue. Esa noche nos fuimos los cuatro, Isabel, Manuel, Placeres y yo, de vuelta a nuestras casas. Fueron como dos horas de camino, íbamos andando y hablando todo el tiempo. La dejé en la puerta de su casa, sana y salva, y me fui a la mía.

—Sin saber lo que les deparaba el destino—dije esbozando una gran sonrisa.

—En otra oportunidad— agregó el abuelo al cabo de una larga pausa, como recordando la película de su vida y esbozando una gran sonrisa—, me acuerdo que había una fiesta y a Placeres no la dejaron ir, no sé por qué. Y yo conocí a una muchacha, estaba guapa y bailamos. Al día siguiente, le llegaron los chismes a la abuela de que yo había estado con esa chica. En estos pueblos tan pequeños todos se conocen y todo se sabe, todos hablan sobre la vida de los demás y ese era el entretenimiento.

—Bueno, ese día que nos fuimos de noche caminando— comentó Placeres— el abuelo me pregunta: "oye, ¿tú vas a la iglesia mañana?", y yo pensando "¿para qué querrá saber este a dónde voy mañana?, y me dice "porque yo a lo mejor también voy", ya que había un rosario en la tarde y yo le dije "ah ok, está bien". Entonces, al día siguiente nos encontramos en la iglesia y mi abuela me dice: "¡ay! ¿quién es ese muchacho tan guapo?", y le digo "es Ramiro de Soutelo, abuela, ¿no lo conoces?" y me responde :"Ah sí, su papá era guapísimo". Yo nunca lo encontré guapo pero bueno...— Se ríe dejando la frase a medias, como restándole importancia a la anécdota. Y continuó —Ese día Ramiro me acompañó a la casa y cuando llegamos al portal le dije: "Chao, porque yo no tengo novio y no me gusta tenerlo todavía".

—Ay, abuela, lo estabas rechazando al pobre— dije.

—Es que yo sabía que él tenía novia y no estaba muy entusiasmada por sacarle el novio a otra; le dije "ándate con tu novia que yo me quedo aquí con la abuela", y se fue. Pero no mucho más, como te digo, nos veíamos en fiestas y así, cuando me acompañaba a la casa o me iba a visitar en Santiago. El cortejo en esa época era... no había. —Se reía a carcajadas, tanto que terminó tosiendo y yendo al baño. A mi abuela le daban sus ataques de tos cada vez que se exaltaba mucho, no es que estuviera enferma ni nada de eso, solo eran signos de la edad, supongo.

Noté cierta timidez cuando comentaban de su relación, quizás porque no están acostumbrados a hablar sobre ello. Me explicaban todo como si fuera un manual, una serie de catastróficas desdichas, o hermosas casualidades, que se fueron dando paso a paso, con el fin de lograr el siguiente.

Ramiro es una persona con los pies en la tierra, muy objetivo y racional. Él hace de todo, pero no sin consultar primero con la abuela y, por lo general, es ella quien siempre tiene la última palabra. Siempre le hace caso, aunque ahora que lo pienso no sé si lo hace para no aguantar el berrinche o porque realmente mi abuela tiene la razón.

Mi abuelo es una persona que no para, no descansa, siempre tiene algo que hacer y si no, se lo inventa. Va y viene si tiene que hacerlo, nunca lo piensa dos veces. Es relajado, paciente, lleva su propio ritmo de vida. Placeres, en cambio, es más estrambótica, más carismática. Le encanta dar su opinión, sobre todo si se la pide el abuelo. Le da fastidio hacer ciertas cosas; si ella pudiera quedarse en la cama todo el día viendo televisión, lo haría. Eso sí, siempre tenía el almuerzo listo para el abuelo cuando volvía a la casa al mediodía, después de trabajar. Ella hacía las maletas para pasar unos días en Higuerote, pero era el abuelo quien las cargaba hasta el carro. Estos dos seres se han complementado toda la vida, valorando sus virtudes y asumiendo sus defectos. Son como el día y la noche y no pueden sobrevivir el uno sin el otro.

Mis abuelos se complementan de una forma tan perfecta que da hasta miedo.

12
La casa de Castramonde

En este viaje ya habíamos ido a la casa natal de la abuela por el fallecimiento de su hermana, pero no todavía a la del abuelo. Y eso ocurrió un domingo a mediados de septiembre porque en esa casa, a diferencia de la de la abuela, no vive nadie. Es decir, la casa está remodelada y apta para vivir, pero la usan como casa de verano o para pasar tiempo algún fin de semana, con lo cual debíamos ponernos en sintonía con Otilia, la hermana del abuelo, para ir nosotros una vez que ellos estuvieran allí.

La primera vez que pisé esa casa fue en diciembre del 2014, después de visitar la casa natal de mi abuela. Como ya saben, la casa de la abuela queda en Campo, pero la del abuelo queda en Castramonde que son aldeas colindantes y se va de una a la otra a pie sin ningún inconveniente. En realidad, depende del camino que se elija, el inconveniente puede estar o bien en que un camino es por la carretera, con lo cual hay que estar bien pendiente de los coches que pasan a la velocidad que más les apetezca, o bien se puede ir andando por el medio del campo y disfrutar del agradable aroma que dispara la granja que separa las dos aldeas, aunque más que una granja, es una especie de establo, una estructura de cemento cerrada y grande en donde mantienen a las vacas y los cochinos la mayor parte del tiempo, ya que es ahí donde comen, beben y duermen. Así que ya se podrán imaginar el aroma que desprende eso. Una vez casi vomito del asco.

Superada esa prueba llegamos a la casa del abuelo y, al estar frente al portón, se vislumbraba un garaje bastante amplio, en el cual entrarían unos cuatro o cinco coches. La casa estaba pintada de color amarillo pálido, tan pálido que vista desde lejos parecía blanca. La puerta principal en la esquina derecha y una escalera externa que llevan al segundo piso le daban un toque peculiar. Esta casa, al igual que la de Placeres, ha conservado sus bases originales con sus paredes de piedra y sus espacios tal cual lo han sido siempre, solo con la diferencia que está remodelada, adaptada a su tiempo y es que, si no lo hacían, la casa se venía abajo. Fue un trabajo muy duro, según comenta Pepe. Los terrenos eran mucho más pequeños que los que cubren la casa de la abuela, lo cual es símbolo de que, a pesar de vivir en aldeas colindantes, la familia del abuelo era un poco más pobre que la de la abuela, la casa era más humilde y disponían de menos terrenos. Por supuesto, no podía faltar la viña y el sembradío. La viña no era grande, pero daba las uvas necesarias para la vendimia anual, de la cual salían unas 100 botellas de vino, más o menos; sin embargo, afuera de la casa había otra un poco más grande, quizás tres veces más, y estaba en un terreno que también pertenecía a la familia. Al otro lado del viñedo, había una pequeña construcción de piedra dentro del perímetro, que antes era la casa del vecino y ahora pertenecía a mi abuelo, la cual por dentro también ha sido remodelada, con un par de camas y un pequeño salón. Digamos que para algún invitado que quisiera pasar ahí la noche estaba en condiciones, mientras que el resto de la construcción era más o menos igual; las cuadras de las vacas seguían ahí, el espacio donde guardaban al cerdo también, junto con materiales y herramientas diversas, era un espacio usado como almacén.

El abuelo recorría cada una de las estancias de su casa natal como si fuera la primera vez. No sé qué estaría pasando por su cabeza mientras lo hacía, pero su rostro reflejaba emoción y nostalgia. Me lo imaginé recordando su infancia ahí, visualizando la casa original y trayendo a su memoria sus andanzas dentro y fuera de esas cuatro paredes. Justo recordé que había una historia detrás de la humilde casita al lado del viñedo, pero mi curiosidad me llevó a entrevistar a mi abuelo, aprovechando que estábamos ahí.

—Abuelo, ¿cómo es que tienes esta especie de casa aquí?

—Ah, esa es una larga historia—respondió Ramiro. La sonrisa en su rostro denotaba complicidad con su mente, que poco a poco iba recordando.

—Tenemos tiempo—dije.

—Bueno, resulta que este terreno era del vecino— dijo, señalando el lugar.

—¿Tenían al vecino tan cerca de la casa? — pregunté asombrada, ya que, con tanto terreno alrededor, me parecía un poco raro.

—Sí, aquí cerquita. Entonces cuando ya estábamos en Venezuela, Mateo decidió vender su terreno con la casa incluida. Eso costó 180 mil pesetas, y mi papá empezó a pedir plata al banco y a otros señores por ahí para comprar la casa.

—¿Ese es el nombre del vecino? — pregunté.

—Exacto. Las cartas tardaban tres meses en ir y venir y no había teléfono, cuando él me dijo "mira voy a comprar la casa de Mateo", y antes que llegara mi contestación me dijo "ya la compré y la puse a nombre tuyo".

—¿Sin esperar tu aprobación?

—Así mismo. Yo estaba de acuerdo en que compraran los bienes de Mateo, pero no que los pusieran a mi nombre. Y pues teníamos ahí una deuda, claro. Estábamos en Caracas, ya Antonio había nacido, y nosotros con esta deuda aquí que nos dejó mi papá. Yo estaba trabajando y podía mandar dinero para pagar la deuda. Lo bueno era que la conversión de la moneda nos beneficiaba, porque 1 Bolívar creo que eran 25 o 30 pesetas, unos 4,3 dólares. Había que pagarle al banco cada tres meses, y también a otra gente a la que mi papá le había pedido prestado.

—Entiendo— respondí— entonces ahora eso es lo que estás negociando con Otilia, ¿no?, la venta de este espacio.

—Eso es correcto.

La tía Otilia, al ser la única que volvió a Galicia, recuperó la casa de Castramonde. Como ya comenté, la remodelaron entera y esa casita no fue la excepción. El negocio que están haciendo ahora los hermanos es el siguiente: Otilia, la dueña y señora de la casa grande y la mayoría de los terrenos, quiere comprar la parte que es de mi abuelo. Básicamente porque mi abuelo ni está ahí ni le interesa estar. Ella es la única que se encarga del mantenimiento y disfrute de esos espacios, incluso paga los impuestos de los terrenos que están a nombre de su hermano. El día de mañana, cuando ni ella ni Ramiro estén, eso se pierde. Y no estamos hablando de que se pierda nada muy valioso económicamente, pero sí simbólico. Y no hablo tampoco de la casa, que pasará seguramente a manos del hijo de Otilia, sino de la pequeña casa y el terreno de mi abuelo. Entonces, ella quiere comprarle su parte para que él se olvide que tiene algo ahí a su nombre, que nadie de su descendencia va a reclamar. Porque vamos a ser claros, ni mi mamá ni mi tío creo que estén interesados en esas propiedades y las nietas, menos.

Pero es aquí, en la negociación, donde empiezan los problemas. Nadie se pone de acuerdo. Otilia le está ofreciendo una cantidad, que es el valor real de los bienes, menos lo que invirtió en las reparaciones, creo que no llega a los 1000 euros. Sí, ese es el valor de un terreno en una aldea casi abandonada en la Galicia profunda. Pero mi abuelo no cede ante tan maravillosa oferta. ¿La razón? Él quiere vender todo o nada. Así de sencillo. Y a Otilia solo le interesa comprar la casa, no los terrenos.
Pero en esas cosas de hermanos, yo no me meto. Ellos hablan de eso como si tuvieran toda una vida por delante para resolverlo. No concretan nada, todo lo dejan en un "ya veremos", como si su tiempo fuera infinito. No sé si es porque no son conscientes de su realidad o porque simplemente saben y viven con la esperanza de que no pasará mucho tiempo antes de que vuelvan a encontrarse ahí, en esa misma casa que los vio nacer y crecer.

Pero nos quedamos en que estábamos recorriendo la casa, la cual por dentro era preciosa, con sus paredes de piedra en ambos pisos, techos bajos y un suelo de madera que combinaba increíble con la piedra negra y oscura que llevaba muchos años siendo el pilar fundamental. Nada más al entrar, estaba la cocina a la izquierda, y como no podía ser de otra manera, en el centro de la misma nos encontramos con la cocina original de leña y mesa de mármol, muy parecida a la que estaba en la casa de la abuela. El piso inferior constaba del comedor y un espacio dedicado al vino, ahí estaban los barriles utilizados en el proceso de destilación, las botellas vacías y las herramientas necesarias para hacer la vendimia. En el piso superior había tres habitaciones, un baño y otro salón comedor para las reuniones con más personas. En una de las paredes colgaban dos cuadros con fotos panorámicas de la casa antes de la remodelación, fotos en blanco y negro enmarcadas, las cuales con tan solo mirarlas me transportaban en el tiempo.

Esa sería la tercera vez que visitaba la casa natal de mi abuelo.

La tía Otilia nos esperaba esa tarde de domingo con la merienda, pero la abuela y yo teníamos otro plan en mente, así que después de devorar unas cuantas rosquillas y meternos un chute de energía con el café, nos pusimos manos a la obra. Dejamos que el abuelo se pusiera al día con su hermana y hablaran de negocios, mientras la abuela y yo cogimos el coche rumbo a un lugar muy especial.

13

El cementerio de Piñeiro

Desde el fallecimiento de Isabel, la abuela estaba muy dolida por no haber llegado a tiempo. Dos semanas, la vida no pudo esperar dos semanas para que las hermanas pudieran darse un abrazo de despedida. Placeres llegó al funeral, mas no a despedirse de ella en vida. A veces, la vida puede ser muy injusta y uno se pregunta por qué no hizo esto o aquello, por qué no llegamos a tiempo, por qué pasaron las cosas de cierta manera y no de otra. Son preguntas que nunca tendrán explicación y con las que viviremos el resto de nuestros días, lo importante aquí no es la respuesta, sino cómo asumimos la duda. Y en ese aspecto la abuela fue muy fuerte. Todavía recuerdo cómo bajaba la cabeza cuando se mencionaba el nombre de Isabel y se ponía a jugar nerviosa con lo que tuviera a mano, como una forma de distracción para evitar el llanto, aunque sus ojos no podían disimular la tristeza que asolaba su corazón, la intriga por saber en qué momento pasó todo, su hermana menor que por ley de vida debería irse después de ella ya no estaba en la aldea, ya no estaba con nosotros, simplemente se había ido, sin más. Es verdad que la noticia era de esperarse, el cáncer en los huesos se la estaba comiendo poco a poco y ni la quimio ni los tratamientos podían hacer nada para revertir su destino, el cual ya estaba escrito. Aun así duele perder a un ser querido. Yo todavía no he perdido a ninguno y sinceramente, es el momento que más temo que llegue porque estoy segura de que no sabría cómo afrontarlo, sobre todo si se trata de los protagonistas de esta historia.

La abuela quería llevarle flores al cementerio así que fuimos a comprarlas. La floristería de la aldea era la parte de abajo de una casa de familia. Una casa preciosa de piedra gris, rodeada de flores por todas partes. Fue difícil decidir, pero al final llevamos unas flores naranjas hermosas en su maceta. No soy buena con los nombres de las flores así que les debo ese detalle; sin embargo, lo importante aquí no es tanto qué tipo de flores llevamos, sino que la abuela estaba segura de que a Isabel le iban a encantar y eso era más que suficiente para comprarlas.

El cementerio de Piñeiro es precioso y muy particular, en general, me parece que los cementerios en Galicia tienen ese toque que los hace únicos que, en vez de enterrar los cuerpos bajo tierra, se les hace como una casita en donde va el ataúd y se coloca sobre la tierra, encima de otra casita. Por supuesto, también hay de los más comunes, enterrados bajo tierra en las adyacencias de la iglesia. Este cementerio en particular es muy pequeño. Hay tres ataúdes uno encima del otro en donde, por lo general, están los miembros de una misma familia. Manuel y Carmen, los padres de mi abuela, están uno encima del otro y en el último puesto, arriba de todo, está Isabel. Cuando estuvimos ahí la placa no estaba lista, así que solo podíamos ver el hueco que quedaba después de haber cubierto la tumba. Ni mi abuela ni yo pudimos alcanzarla por la altura, por ende, ella tuvo que dejarle las flores en donde pudo, mientras le daba explicaciones a su hermana.

Me aparté un poco y le di espacio a su dolor, a su conexión con Isabel. Recuerdo cómo se me aguaron los ojos con esa escena - y ahora que lo escribo, también- porque Placeres estaba hablando con su hermana, completamente entregada diciéndole que esperaba que le gustasen las flores, que ojalá lloviera para que le duraran mucho y que la quería con el alma. Estoy segura que lloró, lo vi en sus ojos y en su energía, supongo que lo necesitaba porque era algo que llevaba varios días guardando ya que no había tenido la oportunidad de estar a solas con ella y drenar todo lo que sentía. Así estuvo un rato mientras yo fui a dar un paseo por las demás tumbas.

El mármol blanco organizado en cuadrantes, unos arriba de otros, hacían de este cementerio un lugar precioso donde más bien se respiraba paz y nostalgia. No era para nada parecido a los cementerios que estoy acostumbrada a ver, cuyas tumbas yacen en el suelo luchando por sobresalir en la tierra que busca apoderarse de su propia naturaleza, con esas lápidas negras desgastadas por la lluvia, y esa vibra a película de terror que siento cuando, por las noches, deambulo por ahí. No, este cementerio era diferente, era blanco, era armonioso, era ordenado, era un templo en el cual se podía conectar con los seres queridos cuyas almas descansaban allí.

Volvimos a Castramonde donde habíamos dejado al abuelo con su hermana y su cuñado Pepe hablando de negocios. El resto de la tarde se pasó volando entre charlas, risas, exploraciones dentro y fuera de la casa y mucha, mucha nostalgia.

14
La casa de diseño

El lunes por la mañana llegó el momento de mudarnos a la casa de diseño italiano, donde pasaríamos tres semanas, lo que quedaba del mes, antes de reunirnos en Madrid con el resto de la familia. Yo solo pensaba que cada día que pasaba era un día más de dicha y satisfacción por tener a mis abuelos conmigo.

Ubicada en A Estrada, un municipio de Pontevedra provincia, a unos 24 km al sur este de Santiago, escondida en una callejuela detrás de un almacén de venta al por mayor, bajo el manto protector de la arboleda y los pájaros, estaba la casa cuyo exterior se asemejaba a un búnker de guerra, con techos altos y paredes grisáceas, una construcción totalmente cuadrada. En el frente, sus ventanales enormes dejaban entrar la luz natural y daba una sensación de enormidad a la casa. Desde el garaje, se podía entrar a la casa de dos maneras, o bien andando por unas escaleras externas o por el ascensor de carga.

La verdad es que la casa estaba muy bien equipada. Por el ascensor, se podía ir tanto al primer piso como al segundo y fue mucho más cómodo subir las maletas o las bolsas de la compra por ahí. También era perfecto para cuando caía la lluvia torrencial, así evitamos empaparnos con el chapuzón.

La casa constaba de tres habitaciones y dos baños; lo malo era la distribución ya que ninguna habitación era en-suite y uno de los baños quedaba en planta baja, mientras que las habitaciones estaban arriba. El salón de la casa era un espacio diáfano, con una pequeña chimenea que dividía el comedor. Había un espacio dedicado a la lectura que era como un mini salón con algunas repisas llenas de libros; sin duda, mi parte favorita de la casa. Por supuesto, no podía faltar la cocina, bastante pequeña en relación al resto de las estancias, pero tenía lo justo y necesario para ser una casa de alquiler temporal.

En el último piso, al final del pasillo, una puerta conectaba con el exterior de la casa y cuyo camino llevaba a la terraza, donde había una mesa grande con sus respectivas sillas, perfecto para pasar una tarde de verano. Y, como techo, un viñedo; aunque sinceramente no sé quién, en su sano juicio, haría una barbacoa en pleno verano con un techo de uvas y miles de insectos microscópicos merodeando por ahí.
Sin embargo, no se puede negar que la casa tenía encanto. Era más que suficiente para los tres e incluso alguna vez llegamos a tener visita.

¡Y vaya visita! Prácticamente, se auto invitaron. Llamaron para decir que vendrían un día a cierta hora y traían el almuerzo, con lo cual nosotros estuvimos más que de acuerdo. La visita era una prima de la abuela y su marido, de la cual Placeres ni se acordaba, claro, como tampoco se acordaba de la mitad de la gente que visitamos, lo cual era lógico después de 60 años afuera de Galicia. Con su vida hecha en otro país, era normal que terminara perdiendo el contacto con muchos de los que se quedaron. Pero es que la vida es así, unos vienen y otros van.

Llegaron en una camioneta blanca con un montón de comida de su propia huerta: una calabaza, unos tomates enormes y rojos como la sangre, una cebolla que era de otro planeta, más grande que la palma de mi mano, hojas de lechuga y croquetas congeladas. De postre, un bizcocho de limón que estaba para chuparse los dedos.

La prima frito las croquetas, preparó una ensalada y en media hora teníamos el almuerzo listo. La abuela y yo nos quedamos pasmadas ya que no esperábamos eso para nada. Fue una grata sorpresa y al final fue uno de esos días en los que nos quedamos en casa y pasamos una tarde amena, con ellos poniéndose al día y yo disfrutando del manjar. Se quedaron hasta casi la hora de cenar, lo cual es muy común en España, porque dura casi más tiempo la sobremesa que la propia comida.

Recuerdo uno de esos días en donde nos quedamos en casa; el abuelo se aburrió de ver televisión y decidió salir al jardín. Ramiro es de esas personas que nunca pueden estar quietas, y no me refiero a que tenga alguna condición como que es hiperactivo o ansioso, no se trata de eso, es más bien que no conoce lo que es el descanso. Toda su vida ha tenido que hacer muchas cosas, desde levantarse muy temprano para ir al colegio o para ir a trabajar desde muy corta edad. Esas circunstancias son las que forman parte de quien es, de su personalidad, de su manera de vivir la vida. Mientras que mi abuela es más o menos lo opuesto. Total, que luego de percatarnos que el abuelo no regresaba, decidí salir en su búsqueda y lo encontré en la otra punta de la terraza, admirando las vistas.

—Abuelito, ¿en qué piensas? —pregunté una vez que lo alcancé y lo saqué de su trance.

—Nada hija, aquí admirando las vistas. Es una casa preciosa esta, tiene un buen jardín—dijo mientras me abrazaba.

—No mejor que la de Higuerote—dije con una sonrisa pícara.

—Ah no, no hay lugar como la casa de Higuerote.

—Vaya recuerdos en esa casa, maravillosos— dije, con un tono de nostalgia que no pude contener, mientras los recuerdos venían a mi mente como ráfagas de luz, rápidas e inalcanzables.

Nos quedamos comentando el paisaje y cuando decidimos entrar, la abuela estaba casi en pánico porque no sabía dónde estábamos y tampoco se le ocurrió salir de la casa y averiguarlo por sí misma. Entramos y la noté pensativa, nostálgica.

—¿Todo bien abuelita? — pregunté.

—Sí, hija, todo bien. Estaba pensando en Isabel.

—¿En qué pensabas, me quieres contar? — pregunté. Quiero saber todas las travesuras que hacían.

La abuela no puede contar su historia si no va de la mano de Isabel. Estas hermanas vivieron juntas miles de aventuras desde muy pequeñas, porque además nacieron con 15 meses de diferencia.

—¿Qué quieres que te cuente? — preguntó Placeres.

—Bueno, ya contaste cómo jugaban de pequeñas, ¿qué tal una anécdota de cuando eran adolescentes? — propuse.

—Bueno, tú sabes que nosotras nos quedamos solas con una tía que nos dijo que teníamos que aprender un oficio para irnos a Venezuela, y nos decidimos por la peluquería, así que teníamos que ir a Santiago porque allá en la aldea, en Campo, no había ninguna peluquería ni nada de eso. Me fui con mi hermana, pero no fue mucho tiempo. Y estuvimos viendo, así era como se aprendía en esa época porque la gente era muy sifrina, las mujeres que iban a la peluquería, las cuales había pocas, no permitían que cualquiera les peinara o lavara y nosotras aprendimos viendo nada más, con decirte que entra una muchacha y casi le queman la cabeza— se ríe mientras recuerda— sí, sí...eran las épocas del infierno, no aprendí mucho con esto, pero pensé "ya veré cómo hago". Ni me podía poner al lado de la clienta porque no le gustaba y nosotras teníamos que pagar para aprender, nunca habíamos visto una peluquería, en ese pueblo no había nada de eso.

—¿Pero aprendían sólo mirando?

—Bueno, algo se aprendía, pero muy poco. La cuestión es que en Santiago vivíamos en casa de una prima nuestra y nos dieron ahí un cuarto. Ramiro y Manuel iban a vernos y paseábamos un rato. Mi hermana no quería mucho a la tía y yo no sabía el porqué, hasta que lo supe. Una noche me levanta mi tía y me dice "vente conmigo para que veas lo que hace tu hermana"; así que bajamos las escaleras y en un pasillo oscuro estaba Manuel e Isabel... ¡él se escapaba de su casa y se veían a escondidas! Por supuesto, Isabel no tardó en salir embarazada.

Estuve un poco en shock escuchando esa historia. Pude notar la decepción en la voz de mi abuela. Luego me reconoció que le tuvo que dar una cachetada a su querida hermana por su irresponsabilidad. En aquella época estaba muy mal visto que una mujer quedara encinta sin estar casada, así que la noticia del embarazo solo significaba una cosa, Manuel e Isabel debían casarse. Pero el problema no era ese, sino que las hermanas se estaban preparando para emigrar a Venezuela y encontrarse allá con sus padres.

—¿Y qué pasó después? — pregunté, queriendo saber el desenlace de esa novela.

—Bueno, entonces mis padres dicen: "tienen que venirse a Venezuela"; porque en esa época el que se preña tiene que casarse. Entonces le dije a Ramiro: "nosotras nos vamos para Venezuela, ya mis padres nos reclaman, ellos están allá". Entonces así fue, mi hermana tenía miedo que yo le pegara y creo que le di una cachetada nada más porque estaba brava por lo que ella había hecho ya que nosotras no teníamos ni 20 años. De hecho, yo cumplí los 20 años en el barco rumbo a Venezuela.

—Entonces se casaron las dos con sus respectivos novios—dije al fin.

—Claro. No había otra opción, Ramiro hacía tiempo quería irse de Galicia y me dijo: "bueno, si quieres nos casamos y nos vamos"; entonces yo le dije que mi hermana se tenía que casar y así nosotros también aprovechamos. Acordamos hacer primero el matrimonio de Isabel que fue el día 2 y el mío el día 4. En esas épocas, en Venezuela, estamos hablando de 1960-61, si querías traer un familiar tenía que ser reclamado. Mi papá dijo que nosotras sí podíamos ir pero ellos no, porque no son nada de él, así que lo mejor que podíamos hacer era casarnos y en Venezuela validar el matrimonio, una vez hecho eso ya ellos podían ir también.

No sé si el embarazo de Isabel fue el detonante para que ellas se casaran y emigraran, no sé si la historia habría sido diferente si no hubiera habido un embarazo de por medio. Lo que sí sé, por lo que cuenta mi abuela, es que los planes de emigrar a Venezuela llevaban rato cocinándose, al igual que la relación de estas hermanas con sus respectivos novios y amores para toda la vida, solo que ese pequeño detalle ellas no lo sabían aún.

Y es que la vida es justo eso, una serie de sucesos que se conectan a la perfección -aunque en el momento no lo parezca- para llevarnos a donde tenemos que ir y conducirnos en aventuras que, de otra manera, no seríamos capaces de vivir. Muchas veces las cosas que nos pasan *are meant to be,* es decir, nos pasan por algo, nada es casualidad y todo es causalidad. Y lo bueno de la causalidad, es que una acción puede tener más de una consecuencia y está en nosotros elegir la que más nos convenga.

15
"Y así nos quedamos sin papás"

Villagarcía de Arousa es un municipio de la provincia de Pontevedra, ubicado a unos 32 km al este de A Estrada, y según el INE es el noveno municipio más poblado de Galicia, con casi 38.000 habitantes para el 2020. Ubicada en la costa gallega, era el destino perfecto para pasar uno de los días más soleados y calurosos que tuvimos durante nuestra estancia en España. Esa mañana durante el desayuno, realizaba la búsqueda pertinente en Google Maps para ver a qué sitios podíamos escaparnos ese día, y Villagarcía era simplemente perfecto. Yo tenía muchas ganas de ir a la playa, el tiempo nos acompañaba y los ánimos de los viejos también, así que nos pusimos en marcha para poder llegar a la hora de la comida y emprendimos nuestro viaje en coche, el cual nos llevaría más o menos 40 minutos. Conseguimos aparcar muy fácilmente en el estacionamiento de la playa. Nos encontramos con el "merendero", como le suelen llamar, que consta de unas mesas hechas, en ese caso de madera, colocadas en lugares estratégicos para que la gente se siente y coma. El mismo, en particular, se ubicaba debajo de los únicos árboles que había en toda la playa y que estaban puestos a posta de una manera para que dieran sombra y resguardo del sol abrasador. Seguimos andando y llegamos al mar, frío, pero refrescante. Les tomé un par de fotos a los viejos y no sonrieron en ninguna, supongo que tendrían hambre y calor, así que fuimos directo al restaurante de la playa y nos sentamos en la terraza con vista al mar. Esta vez todos bebimos cerveza, pedimos el menú del día que estaba bastante bueno y nos tomamos un helado de postre.

Por supuesto, no pude dejar pasar la oportunidad de disfrutar la playa ya que es una de las cosas que más amo hacer en la vida, sentir la inmensidad del océano y darme cuenta de lo pequeña que soy dentro de esa inmensidad. Así que mientras esperaba la comida me fui al mar, me arremangué los shorts que llevaba, me quité los zapatos y me dejé llevar. Creo que estuve así unos cuantos minutos, refrescándome de la cintura para abajo, y deseando con todas mis fuerzas haber llevado un bañador para poder sumergirme y disfrutar la playa al 100%, pero los viejos me estaban esperando en el restaurante con la comida en la mesa.

Luego, emprendimos una larga caminata de reconocimiento porque ninguno de los tres había estado antes en ese pueblo, así que decidimos caminar y conocerlo. No me pareció particularmente bonito o con algún encanto especial, también es verdad que había muchas obras y por ciertos lugares no se podía caminar, pero aun así creo que A Estrada es mucho más bonita a pesar de ser más pequeña.
En el camino de regreso a casa, ambos se quedaron dormidos en el coche y a pesar de que pasaba con mucha frecuencia y

ya me estaba acostumbrado, no dejaba de darme la mayor de las ternuras ver cómo se echaban sus respectivas siestas mientras su nieta los llevaba de un lado a otro. Recordé todas las veces que había sido al revés, con mi abuelo buscándome en el colegio, llevándome con ellos a Higuerote, o simplemente estando con él al volante. Ahora todo había cambiado, y no me había dado cuenta de cuándo ni cómo pasó. Ahora, era yo la adulta responsable de todo y ellos, los niños viejos que ya dieron todo lo que tenían para dar y se dejaban llevar.

Cuando llegamos a la casa, después de un día agotador en la playa sintiendo el calorcito gallego, volvimos al sofá como de costumbre, pero esa vez no encendimos la televisión. Yo quería seguir escuchando las historias de vida de mis abuelos, una actividad que ya se había convertido en rutina.

—Abuela, ¿qué me vas a contar hoy? — pregunté mientras me preparaba para otra historia más.

—No sé, ¿qué quieres saber? — respondió ella, con desdén.

—Pues tu historia, ¿qué recuerdos de tu infancia te ha traído este viaje?

—¡Uy, muchos!, la mayoría malos porque ya sabes que a mí no me gusta nada Galicia.

—Háblame de tus padres, de mis bisabuelos, porque ellos fueron primero a Venezuela, por eso ustedes llegan allá, ¿no?

—Sí— responde. Una pausa la hace recordar y poner en orden sus pensamientos, ella sabe que en la historia de esta noche ella es la protagonista. A diferencia del abuelo, cuesta sacarle las palabras, pero una vez que empieza, no puede parar.

—Bueno— empieza, aunque su mirada perdida apuntando al techo indica que son demasiados los recuerdos que se le vienen a la cabeza, y no sabe muy bien por dónde comenzar— Mi papá tenía cuatro hermanos, pero todos ellos quedaron huérfanos muy jovencitos. Entonces, cuando crecieron hicieron la repartición de bienes y mi papá quería quedarse con toda la casa y los terrenos, pero debía de pagarlos, claro.

—Comprarles su parte a sus hermanos, digamos— interrumpí.

—Exacto, porque mi papá era muy acérrimo al sitio, ya viste que la casa de la familia Amigo está desde hace 100 años. Entonces como quería quedarse con esos bienes, tenía que pagar por ellos, y ya le empezó a deber los reales a mis tíos, a sus hermanos. Mi papá no sabía mucho qué hacer y dijo que él iba al extranjero para ganar esa plata y pagarles a sus hermanos, entonces quedamos en la casa mi mamá y nosotros tres, éramos todos pequeños todavía. Cuando se fue mi papá, yo tenía 12 años.

—¿Se fue directo a Venezuela?— pregunté.

—No, se va a Brasil en un barco portugués que salía desde Vigo—responde la abuela—. Él me decía: "mira Placeres, ¿tú sabes qué dicen los del barco?, "metanse eu barco que vai partire" —y explotó de risa—. Mi papá no sabía si es que se iba a romper o qué le iban hacer— comentaba entre risas que no puede aguantar—. Jamás se me olvidó eso. Mi papá nunca había oído esas cosas, él decía que en Brasil la gente trabaja una semana y come la otra, no es que trabajan siempre. Yo en esa época lo extrañaba mucho.

—¿Y por qué se fue para Brasil, precisamente? — pregunté a la abuela, muy interesada en esa historia, que era la primera vez que escuchaba.

—Se fue a Brasil porque no sabía mucho para dónde ir. En esa época gobernaba Franco, un dictador bravo y arrecho, y la vida acá era muy difícil. Entonces él se fue para Brasil y nosotras nos quedamos con mamá trabajando los bienes que quedaron y ayudando en la casa, pero nosotras trabajamos y luego íbamos a la escuela un rato, y después a trabajar otra vez. Yo, a los 12 años, trabajaba muchísimo.

—¿Y cuánto tiempo estuvo tu papá allá? — preguntó el abuelo, queriendo ser parte de la conversación.

—Mi papá estuvo un año en Brasil— respondió la abuela— pero la plata de ese país era más baja que la de España, y mi papá era una persona que no tenía oficio de ninguna especie y bueno, trabajaba en lo que podía y mandaba dinero cuando podía.

Se hizo un silencio en la sala mientras mi abuela, con los ojos brillantes, se sumergía en su propio monólogo, a medida que recordaba con detalles aquella época de su vida que parece haber sido la más dolorosa. Por lo que cuenta, la ida de su padre a Brasil le hizo mucho daño, sin saber que ese hecho marcaría, en gran parte, el destino de su propia vida.

—Luego se fue para Venezuela—dijo Ramiro, adelantándose a los acontecimientos y robando la historia de mi abuela.

—Sí —dijo Placeres— ya aquí en Venezuela yo tenía dos tíos —dice "aquí" porque su mente sigue estando allá, aunque su cuerpo esté en Galicia, su mente y su corazón siempre han estado y estarán en Venezuela—. Dos hermanos de mi mamá que se vinieron le dijeron a mi papá: "vente para acá porque por lo menos la plata te va a rendir un poquito más y ya luego te regresas". Entonces se vino a Venezuela, y lo que él sabía hacer era trabajar en una casa de familia y había gente muy rica que contrataba servicio, con lo cual mi papá trabajaba de mesero en esa casa. También, había una señora que hacía la comida, otra que hacía otra cosa y así. En esas épocas, había gente que tenía hasta cinco servicios en la casa.

—"Y así nos quedamos sin papás".

La forma en como mi abuela dijo esta frase nunca se me borrará de la mente. Iba acompañada de un gesto de resignación, de abandono, de dolor. Porque esa vez eran sus dos padres los que se iban en búsqueda de un futuro mejor, dejando a sus hijos en el campo, a merced de los cuidados de alguien más.

—Mi abuela le dijo a mi mamá: "ándate con tu marido y me dejas a los muchachos" —prosiguió Placeres—. Claro, después de dos años separados, no era la idea tampoco. Nos quedamos en casa de la abuela, Isabel, Antonio y yo, los tres hermanos, y recuerdo que mi tío dijo: "usted, que es la mayor, tiene que poner orden a sus hermanos". Yo no sé qué orden les tenía que poner porque una niña de 15 años… dime tú qué orden iba a poner—. El tono de mi abuela era de enfado, de asumir el absurdo de lo que estaba contando.

—Vaya, ¿qué duro no? — fueron las únicas palabras que fui capaz de articular.

—Durísimo —respondió la abuela—; y esa casa tenía bastantes fincas y había mucho trabajo. Teníamos que trabajar mucho porque las cosas en esas épocas no se hacían con máquinas, había que hacerlas a mano y para segar el trigo me arañaba toda. ¡Aquello era tremendo! No se hacía nada con máquinas en ningún sitio. Nosotras, Vane, teníamos que trabajar mucho en el campo mientras que Antonio, que era más pequeño, iba a la escuela.

Y así pasaron los años más dolorosos para mi abuela, en Galicia y con sus padres al otro lado del Atlántico. Una época que marcará para siempre la vida de mi abuela y, como lo sabría más adelante, también sus decisiones.

—¿Y cómo llevaban tus padres la vida en Venezuela?— pregunté.

—Mis padres fueron a ver cómo era y si había un futuro mejor para nosotros ahí, así que nos quedamos con la abuela. Mi mamá trabajaba en una casa de familia y mi papá en otra y se juntaban en sus días libres, salían y paseaban. Vivían en La Florida. Ellos mandaban la plata que ganaban allá para Galicia. Su idea era estar unos años y ganar dinero para volver a su casa.

—¿Y quién se quedó en la casa?— pregunté.

—La casa no la podíamos dejar sola, entonces vino un señor que se llamaba el "caseiro"[3], que cuidaba de los bienes. La casa de la abuela y la nuestra estaban cerca y mi hermana y yo la extrañábamos mucho, también a nuestros padres, y de vez en cuando le pedíamos a la abuela que nos dejara ir a ver nuestra casa, pero no nos dejaban.

Las palabras de indignación tardan en salir de su boca, se atraganta, le duele el recuerdo, le duele hablar de ello y siquiera pensarlo la transporta a momentos de su niñez que no ha sido capaz todavía de superar.

—Estábamos tristes por eso— continúa mi abuela con su monólogo—. Y al cabo de 3 años, a mis papás los mandan a cuidar una casa a las afueras de Caracas y mientras cuidaban esa casa hicieron a Manolo- o Manuel, en castellano- entonces cuando mi mamá estaba embarazada, mi papá le dijo: "Te vas para Galicia, tienes al niño y están todos en la casa, mientras yo gano más dinero". Entonces, viene mi mamá y nosotros volvemos a nuestra casa. Tuvimos que pedirle permiso al casero, claro, y esperar a que se fuera.

—Y volvieron todos a la casa— dije.

—Sí, ya éramos cuatro, teníamos un nuevo hermanito. Yo lo único que pensaba era "qué chévere, cuando llegue mi papá ya estaremos todos juntos". Tenía mucha ilusión. Un día mi

---

[3] Casero, arrendador, el que se encarga de administrar una propiedad.

mamá dice: "Yo quiero estar en Venezuela con tu papá". Al poco tiempo nos manda a los cuatro a casa de una tía y ella se fue de nuevo a Venezuela en el barco Santa María. Casi siempre era ese barco. Fue una época muy dura, esa tía era muy dura con nosotras ya que solo nos hacía trabajar y trabajar.

—Y es ahí cuando ustedes se van a Venezuela—interrumpí.

—Sí, ellos, cuando se dieron cuenta, el tiempo había pasado— continuó la abuela—. Un día dijo mi papá: "yo quiero que mis hijos se vengan para acá", entonces es cuando nos pregunta si nos queremos venir. Le dije que sí pero que tenía que llevar a Ramiro, y dice "¿qué Ramiro chica?", y le dije: "papi, yo ya crecí, ya no soy la niña que dejaste, ahora tengo novio". Mi papá dijo que se asombró porque pensaba traer a sus hijas y en vez de eso vinimos las dos hermanas con nuestros respectivos maridos. Yo le dije: "no te asustes, que nosotros nos metemos en un cuchitril y arreglamos nuestra vida", y así fue.

—Bueno, los padres de la abuela decidieron llevarlas para Venezuela— agregó Ramiro— a ella y a su hermana, entonces Placeres me dijo: "¿por qué no vienes para Venezuela con nosotras?, y yo dije: "bueno me voy, pero ¿cómo hacemos?", y fue cuando decidimos casarnos, con fiesta y todo. Al poco tiempo se fueron ellas para Venezuela y yo me quedé mientras arreglábamos los papeles hasta que a los dos meses o así, no pasó mucho tiempo, yo pude irme para allá. Y todo fue muy bien, estábamos muy enamorados, muy felices.

—Sí— la abuela, queriendo contar su historia—. Nos fuimos nosotras primero, Isabel y yo, y mis papás nos tenían preparada una habitación y ahí estuvimos unos cuantos años. Fueron unos años maravillosos mientras estuvimos todos juntos.

En esa época no era apropiado que una pareja de novios se fueran a vivir juntos sin estar casados, además de que sin ese requisito mi abuelo no podía entrar en Venezuela, así que contrajeron matrimonio y partieron para construir una vida juntos, fuera de la aldea. Con esto, no quiero decir que no se hayan amado en aquel momento, como tampoco que no se sigan amando, ya que el hecho de que permanezcan juntos 60 años después nos demuestra que sí lo hacen. Y creo que siguen juntos porque son muy iguales y muy diferentes al mismo tiempo.

La playa nos había dejado agotados, y la conversación se estaba extendiendo demasiado, así que nos dimos las buenas noches y emprendimos el viaje a un sueño profundo y reparador.

16
Inicios en Venezuela

La idea inicial de mis bisabuelos era poder llevar a sus hijos a Venezuela y estar allí todos juntos. Así que, una vez instalados, le proponen a Placeres y a Isabel que viajen para allá.
De modo que mi abuela le dijo a Ramiro que tenía planes de irse y que era la oportunidad que él también estaba buscando. Sin más preámbulo y, enamorados hasta las metras, se casan y se embarcan en la aventura de sus vidas, empezando por el barco que salió desde el puerto de Vigo y cruzó el Atlántico con miras a llegar a la costa venezolana, en donde los sueños, las oportunidades y la idea de un futuro próspero los esperaban.

A la mañana siguiente, con un cafecito en mano y sentados en el sofá de la casa de A Estrada, los abuelos continúan con los relatos que dejamos a medias la noche anterior.

—¿Cuánto tiempo duró el viaje en barco?— pregunté por curiosidad.

— Como 12 días yo creo... —respondió la abuela.

—¿Cómo compraste el pasaje?

—Mi papá me lo envió.

—¿Y qué tal el viaje?

—Estaba un poco tonta—dijo Placeres— porque nos casamos y yo me fui sin Ramiro. Mi hermana venía embarazada y vomitaba mucho. Yo venía bien, pero bien jodida —decía entre risas—. Por un lado, estaba contenta por ver a mi papá ya que tenía muchos años sin ver, pero tampoco sabía qué pasaría cuando llegara a Venezuela, o dónde me iba a quedar. Aunque yo venía para quedarme, eso sí que lo tenía seguro.

—Era tu salida oficial de Galicia—dije.

—Sí, y estaba contenta porque venía a ver a mis padres y a estar con ellos.

—¿Y cómo fue tu viaje en el barco, abuelo? ¿También te enviaron el pasaje?— pregunté.

—El pasaje lo compré yo, tuve unos gastos con la boda y eso, pero con la ayuda de mi papá pude comprarlo—respondió el abuelo.

—¿Algún recuerdo interesante del barco? —pregunté a ambos.

—Él venía con Manuel— respondió la abuela.

—Sí, yo venía con Manuel y me acuerdo que nos hicimos amigos de unas muchachas y de otra gente. La pasamos muy bien en el barco. Éramos un grupito como de tres o cuatro todos solteros, ahí nadie venía casado.

—¡Uy! ¿cómo que nadie? tú sí que venías casado... cuidado con lo que dices porque la abuela te está escuchando— dije entre risas.

—Bueno, las muchachas estaban solteras, pero se casaban al llegar a Venezuela— respondió Ramiro.

—¿Y qué sentimientos tenías? ¿Qué expectativas? —pregunté.

—Yo estaba contento. Es que yo quería salir de España, porque antes de eso yo ya tenía planes de irme para Venezuela, solo que necesitaba la visa e incluso tenía el pasaje comprado, pero hubo un problema con la documentación y no pude concretarlo en ese momento. También pensé en irme a Brasil y de ahí pasar a Venezuela, todo esto pasó mucho antes de casarnos, cuando éramos novios. Yo quería salir de España porque, aunque trabajaba y ya era oficial, nos tenían machacados al ser tan jóvenes, ya que nos pagaban la mitad de lo que le pagaban a alguien con 25 o 30 años.

—Tú tienes que decir la verdad, no querías quedarte allá para no ir al servicio militar— le dijo la abuela.

—No quería ir al servicio militar por nada del mundo, porque iban a ser tres años de mi vida desperdiciados—respondió el abuelo—. Y yo no quería eso, entonces fueron varios motivos por los que me quería ir de España, hasta que Placeres me dice que se venía para Venezuela y le dije: "bueno, pues me voy contigo".

— ¿En dónde los recibieron? — pregunté.

—En una azotea en La Florida, teníamos un cuarto para las dos— contestó la abuela.

—Mami, era una terraza y pusieron unas habitaciones alrededor y en el medio quedaba un espacio donde pusieron un baño para los dos cuartos, y también había una cocina— interrumpió el abuelo.

—Bueno, pues sería así... — dijo ella.

—Y ahora empezaba la búsqueda de trabajo en donde fuera, ¿no?— pregunté.

—Ya teniendo los papeles aquí en Venezuela— porque al igual que mi abuela, el cuerpo, mente y corazón de Ramiro siguen estando allá—buscamos trabajo, pero no había. Conocíamos a un cura que venía a echar broma con nosotros, y Placeres le comentó que yo era albañil, pero que no conseguía trabajo y el cura le dijo: "dile que venga para acá que yo tengo trabajo para hacer", y Placeres toda contenta me dice: "vamos para allá que te van a dar trabajo".

—¿Qué trabajo te ofreció? — pregunté al abuelo.

—Había que buscar los materiales en una capilla lejos y subirlos por unas escaleras, pero no duré mucho porque eso no era lo mío —responde Ramiro—. Así que seguí sin conseguir trabajo de albañil. Un día agarré un periódico para ver los anuncios y pedían unos trabajadores para la fuente de soda[4] del Hospital Universitario, así que me fui para allá.

—De camarero...—dije.

—Sí, bueno de todo un poco, hacer sandwiches, lavar tazas y esas cosas. Había que trabajar muy duro. El encargado me dijo que se pagaban unos 15 bolívares diarios y nos daban comida, así que me invitó a quedarme ese día para ver cómo se trabajaba. Eso era sin parar todo el día.

—¿Y cuánto tiempo estuviste trabajando ahí? —pregunté.

—Mira no sabría decirte, pero no fue mucho. Recuerdo un día que hubo unos disturbios en la Plaza Candelaria y a uno de los mesoneros le dieron un tiro, así que no podía ir a trabajar, y me pusieron a mí en su lugar. El sueldo era el mismo más las propinas, y yo me sacaba entre 20 y 30

---

[4] Cafetería o pequeño restaurante.

bolívares más. Recuerdo que el encargado era un gallego envidioso y cuando vio que yo ganaba más que él, un día me cambió para la barra. Así que ya no tenía más propina.

—La gente y su envidia...

—Sí. Cuando salí ese día de trabajar, a las 2 de la tarde, compro otra vez el periódico "El Mundo" y veo un aviso de que piden mesonero para un restaurante en Los Caobos y para allá me fui. Al llegar pregunté "¿ustedes están buscando mesonero? y me dicen "sí, ¿es usted mesonero? y les dije "bueno, yo trabajo en una fuente de soda". Y ese mismo día me dijeron que empezara. No volví más a la fuente de soda, claro. En el restaurante trabajé unos 4 años como mesonero. Recuerdo que iban aquellos señores del Congreso que quedaban de la época de Pérez Jiménez y se la pasaban ahí parte de la noche. Les cobrábamos el 10% del servicio más las propinas, que eran fabulosas.

—Tampoco era tu trabajo soñado, pero al menos estabas ganando dinero...—dije.

—Sí, claro, era lo que había. Luego tenía otro trabajo en un sótano, haciendo carpetas de manila, esas que se usan en los archivos. Ahí trabajaba de 8 de la mañana a 12 del mediodía y luego me iba a comer. A las 2 de la tarde me iba al restaurante. Terminaba a media noche, a veces incluso más tarde y no tenía carro para moverme, me iba caminando desde la Av. Bolívar hasta la Florida. Eso no era vida.

Era la primera vez que escuchaba esa historia sobre los rudos inicios de mi abuelo en Caracas. Y pensar que me quejaba de mi propio proceso migratorio, en donde me tenía que mover en bus y en metro en la Madrid del siglo XXI. Para que se hagan una idea, ese camino del trabajo a la casa que hacía Ramiro, eran unos 3,5 km, más o menos 40-45 minutos andando. Todo esto a altas horas de la noche y después de haber estado trabajando todo el día. ¡Cómo para no admirarlo!

—Vaya abuelito...¡eso sí que era pasar roncha!— dije, asombrada por la historia.

—Así era, tenía dos trabajos y dos sueldos, pero no tenía vida.

—Y tú, abuelita, ¿qué hacías?—pregunté, enfocando mi vista en Placeres, quien escuchaba atentamente.

—Yo trabajaba también.

—¿En dónde?— pregunté.

—La vecina del piso de abajo me dijo que si yo le lavaba la ropa pues ella me pagaba, entonces yo dejaba a Antonio en la cuna e iba a trabajar. De vez en cuando venía a amamantarlo y seguía trabajando. Estaba chiquitico. Tenía una vecina también que era portuguesa y decía: "¡ay Dios mío yo tengo que pararle las costillas a ese niño!"; eso era levantarlo porque estaba siempre acostado. Y con el tiempo se puso tremendo; bueno, siempre lo fue, desde chiquito.

—Sí, pero eso no era vida— dijo el abuelo—. Yo solo tenía un día libre en el medio de la semana y dijimos: "esto hay que cambiarlo". Después, aprovechando que hubo un problema en el restaurante, renuncié. Y luego empecé con la construcción y hasta compré un carrito.

— ¡Qué época más bonita la que vivimos en Venezuela todos juntos!— dijo la abuela de repente.

—Hasta que tus padres se fueron...—dije.

—Mis padres no se adaptaron a Venezuela y decidieron volver a la aldea— dijo la abuela—. Nosotros, en cambio, estábamos felices. Venezuela era un país que estaba en pleno auge, en pleno crecimiento, había trabajo para todo el mundo. El clima era, bueno sigue siendo, una cosa maravillosa. Ese país era un paraíso, y nosotros éramos muy felices en él.

Todos fuimos muy felices en Venezuela y no lo sabíamos.

Venezuela le dio a mis abuelos la oportunidad de salir de la miseria en la que estaban en Galicia, les dio la esperanza de un futuro mejor. Cuando yo nací, pude gozar de los frutos cosechados por mis abuelos, no sólo los materiales sino los emocionales también. Las nietas éramos, y seguimos siendo, la luz de sus ojos. Ellos se desviven por nosotras y nosotras por ellos. Es un amor que es difícil de explicar con palabras, es algo que hay que sentir y vivir. Es una fuerza capaz de todo, es una sonrisa inquebrantable en mi rostro. Venezuela, abuelos, playa, sol y arena, están grabados en mi pecho como un tatuaje, como una huella imborrable que hace parte de lo que fui, de lo que soy y de lo que seré. Yo no sé si elegí a mi familia, pero sí sé que la elegiría mil veces más si volviera a nacer.

Ahora que esos hermosos momentos en familia han quedado atrás, solo nos quedan los recuerdos y la nostalgia que nos da pensarlos. Estamos todos regados por el mundo. Pero los viejos no, ellos se mantienen firmes y en pie, en su lugar favorito, en su Caribe, en su hermosa y cálida Caracas, con su caos, sus calles, su gente, sus barrios, sus ranchos, su violencia, su amabilidad, su sol ardiente, su lluvia suave, su Ávila cuidándonos a todos de las catástrofes naturales, rodeándonos con sus montañas como brazos protectores. Porque Caracas, a pesar de todo, era un buen lugar para vivir. En su época dorada, hubo mucho crecimiento, recibió abiertamente a miles de inmigrantes que querían ayudar a construirla, a vivirla. Era una ciudad amable, con gente bonita que sonreía, daba los buenos días, las gracias y pedía "por favor". Algunos la han apodado "Cara-caos", y bien que hacen, pero díganme, ¿qué gran ciudad capital no es caótica?

Nos quedamos todos pensativos a nuestra manera y cuando nos dimos cuenta, las horas habían pasado. No teníamos planes, pero lo más probable era que volviéramos a la casa de Campo.

Efectivamente, decidimos llamar a Campo para concretar los planes del día. Nos invitaron a comer pulpo en Bandeira, otro pueblo muy cerca de la aldea. El pulpo es una de mis comidas favoritas, así que no podía estar más contenta. También porque vería a Xiana, la hija de Mabel, y me encanta jugar con esa niña.

Nos encontramos en uno de los pocos restaurantes del pueblo, en donde Manuel es bastante famoso, y comimos pulpo hasta el cansancio. Me sorprendió ver a otras personas de la familia que también estaban de paso por la aldea, ya que luego me enteré que era la Feria del Pulpo esa semana, el evento más importante del año.

17
Construyendo Venezuela

Volvimos a la casa de diseño agotados y sin hambre, pero no sin ganas de seguir charlando. Como de costumbre, ofrecí una Estrella Galicia a mis abuelos, la cual aceptaron. Me senté al lado de mi abuelo, muy cerquita, mientras le daba besos y abrazos, o le jalaba la papada.

—Bueno, ¿en qué parte de la historia nos quedamos?—pregunté.

—Ay, no me acuerdo, con tantas cosas ya que te hemos contado— dijo la abuela entre risas.

—Estaban contando de sus primeros trabajos en Caracas y de que tus padres volvieron a la aldea.

—Ah, sí— dijo la abuela recordando.

Alrededor de 1970, 10 años después de la llegada de mis abuelos a Venezuela, ya tenían dos hijos. Antonio, mi tío, y Ana María, mi madre. Mi abuelo llevaba algunos años trabajando como contratista, haciendo varios edificios en Caracas y uno de esos edificios es en el que viven actualmente, en El Cafetal. Ya tenían su hogar construido y asentado, terminaron de pagar deudas pendientes en Galicia, y estaban viviendo su mejor momento. Los bisabuelos regresaron a la aldea para pasar su vejez.

—Un día— contaba la abuela— mi mamá me llama y me dice: "oye, una de ustedes tiene que venir para acá a cuidarnos, porque ya estamos muy viejos", a lo que yo le respondí que yo no lo haría, yo estaba muy feliz en Venezuela con mis hijos y no quería volver a Galicia, ni tampoco dejar a los niños solos o al cuidado de alguien más, porque yo había pasado por eso y sabía lo difícil que era. No quería repetir la historia. Incluso, hasta le ofrecí mis cuidados en Caracas, le dije que le alquilaba un piso y los cuidaba aquí, pero no quisieron. Ellos querían morir en Galicia.

—Y es por eso que se va Isabel...—comenté.

—Sí. Isabel decidió irse con Manuel y su hija pequeña, Mabel.

Esta decisión de quedarse ha sido, a mi parecer, una de las más importantes que mi abuela ha tomado en su vida. Porque pensó en el futuro de sus hijos y de su familia, haciendo de ello una prioridad. ¿Por qué dejarías un lugar en el que estás contento, construyendo cosas lindas y con proyecciones a futuro? Yo no tengo hijos, pero supongo que, una vez que se es padre o madre, ellos se convierten en tu familia y responsabilidad directa; es en ellos en quienes debemos pensar antes que nadie. Y eso fue precisamente lo que hizo mi abuela, también tomando en cuenta el precedente de vida que tiene. Pasar de la niñez a la adolescencia sin sus padres a su lado debió haber sido doloroso, porque como ella misma cuenta, los extrañaba mucho. Placeres no quería que sus hijos pasaran por eso y tampoco quería volver a la aldea por nada del mundo, un lugar que le traía tan malos recuerdos y que hoy en día sigue generando en ella sentimientos poco positivos en la mayoría de los casos.

Isabel y su familia dejaron Venezuela para volver a la aldea. Isabel hoy no está; Manuel sigue su vida como puede; Mabel ya es una mujer independiente, casada, y con dos hijas preciosas. Viven en la casa de Campo.

—¿Cuándo fue la primera vez que volvieron a Galicia después de emigrar? — pregunté.

—Yo creo que volvimos como a los diez años, porque mis papás no conocían a mis hijos, entonces teníamos que presentárselos— dijo la abuela.

—Ya sé que la abuela no, pero tú abuelo, ¿alguna vez pensaste en regresar a Galicia a vivir?

—No, nunca se me pasó por la mente. Yo ya estaba trabajando aquí, invirtiendo, comprando apartamentos...— respondió él.

Y menos mal que decidieron quedarse y luchar, ¿ahora entienden mi admiración por este par? Cuando las ganas de superación son así de grandes, no hay barreras ni límites.

Esa noche me tocó trabajar, y mis abuelos se fueron a dormir con otra anécdota contada, una pieza más de esta historia que hace que todo tenga mucho más sentido para mí. Estaba encantada con esa dinámica que teníamos, porque además estábamos en su tierra natal, viviendo y recordando juntos su historia de vida.

A la mañana siguiente, el cielo gallego traía consigo una lluvia torrencial, pero no fue hasta el mediodía que nos dimos cuenta de ello. Llevábamos toda la mañana durmiendo, al menos yo, que esa noche había estado trabajando.

Se nos estaba pasando la hora de comida y ya no nos daba tiempo para salir a comer, así que decidimos improvisar con lo que hubiera en la nevera.

Resulta que yo no soy muy buena cocinando, en parte porque no me gusta, me aburre y no le encuentro atractivo. Pero cocinar para mis abuelos era otra historia.

Ensalada de pasta, pensé. Fácil y rápido. Cualquiera con dos dedos de frente la puede hacer. Así que me dispuse a hervir la pasta, picar los tomates cherrys y abrir las latas de atún y de maíz. En menos de 15 minutos había resuelto el almuerzo.

—Vengan a comer— grité desde la cocina a los viejos, que estaban revisando sus celulares en el sofá.

Esa fue una de las pocas comidas que hicimos en casa, y creo que la única que preparé yo, porque siempre comíamos en casa ajena o en restaurantes. Una vez todos sentados a la mesa, yo quería seguir escuchando las historias de mis abuelos.

—Entonces, abuelito, ¿dónde nos quedamos en la historia? —pregunté—cuéntame más de tus trabajos en Caracas.

—Bueno—dijo mientras se preparaba para probar su delicioso manjar—me dieron un trabajo de albañil y me mandaron a la casa de Moleiro que vivía en Chuao. Cuando se terminó el trabajo liquidaron a todo el mundo y ese día yo llegué como a las 11:30 de la mañana y el maestro, que era un santanderino, también un poco raro, cuando me vio entrar me dice "tú no vas a cobrar", y le dije "¿por qué me dices eso? Pues parece que los demás obreros no habían ido a cobrar porque se fueron al Ministerio de Trabajo a reclamar no sé qué. Yo no fui a ningún sitio y me quedé cobrando porque necesitaba el dinero. Entonces, llegó Moleiro y es cuando le explican la situación, y él dice: "bueno, déjalos que se vayan al Ministerio, a Ramiro me lo mandas a mi casa otra vez, el lunes lo quiero ahí". Y así fue como empecé a trabajar con él más directamente. Hicimos bastantes trabajos, incluso el edificio de Orituco.

Recuerdo ese edificio porque cuando estaba en la universidad, mi abuelo me dio la llave para ir cuando quisiera ya que el conjunto tiene piscina y casi siempre estaba vacía. El edificio está en Santa Rosa de Lima, donde yo vivía, pero en la parte más baja, encarando la autopista Prados del Este, con lo cual estaba en mi zona de confort, muy cerca de mi casa. Así que más de una vez pasé ahí las tardes con mis amigos, tomando cerveza y escuchando música. Fueron buenos tiempos aquellos.

—Luego se metió a contratista y hacía los trabajos por su cuenta—dijo la abuela, completando la historia.

—Sí, claro — siguió el abuelo— después ya llevábamos otra vida. Cuando nos mudamos aquí a El Cafetal, le estaba haciendo a unos señores en Altamira unos edificios. Cuando me mandan a hacer este edificio, donde vivimos ahora, le dije a Placeres "mira, este apartamento va a ser nuestro" y ella dice "no... ¡estás loco!—se reía el abuelo contando ese recuerdo, y la abuela también, porque esa conversación no se la podían creer, por fin tendrían su propio apartamento.

—Sí— dijo la abuela con una sonrisa de oreja a oreja— ya por fin teníamos nuestra casita.

—Ya en ese momento yo tenía otra compañía y estaba un poco más resuelto —continuaba el abuelo— Ya había hasta comprado una camioneta. Pero trabajando en la otra compañía se pagaba muy poco, porque la competencia que teníamos los contratistas era muy grande. Yo hacía muchas cosas, desde colocar puertas hasta subir material muy pesado. Eso sí, no fue sino hasta después del terremoto que empezó a haber mucho más trabajo.

El terremoto del que habla mi abuelo sucedió el 29 de julio de 1967. El temblor duró unos 35 segundos, con una intensidad estimada de 6.7 en la escala de Richter. En Caracas y en el litoral central, colapsaron al menos cinco edificaciones. Este sismo marcó y cambió la historia de Caracas.

—Compramos nuestro apartamento y lo amueblamos como pudimos —continuó el abuelo—. Cuando hice el edificio de Chacao, la compañía me quitó millones de bolívares.

—¿Cómo así?— pregunté, a punto de terminar mi almuerzo, mientras la abuela ya estaba buscando el postre.

—Es que esa compañía la manejaba una familia y cuando empezaron los problemas, algunos miembros decidieron abandonarla. Entonces, antes de irse nos hicieron un resumen de lo que nos debían, y a mí me debían como cinco millones, ¿qué te parece? Y es que a todo el mundo le debían dinero.

—¿En qué año fue eso? — pregunté.

—Mira, te diría que a finales de los 80 —respondió el abuelo, dubitativo, intentando recordar. Después de una pequeña pausa, continuó—. Nos dijeron: "ustedes son familiares de la compañía, así que vamos a pagarles lo que les debemos y vamos a seguir construyendo".

—Y seguiste trabajando con ellos— dije.

—Hasta que empezaron los problemas con la subida en los precios de los materiales— respondió Ramiro—. Yo empecé a comprar los materiales con dinero de mi bolsillo e iba guardando las facturas, porque bueno, había confianza y sabía que en algún momento me lo pagarían.

—¿Confianza?, con todo el dinero que te debían...—dije.

—Bueno sí, pero yo sabía que lo pagarían. Cuando sacamos cuentas me debían como 8 millones de bolívares, y el tipo me dijo: "si todos los contratistas hicieran lo que tú hiciste yo no tendría problemas con ninguno, de todas formas chequeamos esto y te vamos pagando", y yo todas las semanas iba a la compañía a cobrar, poco, pero algo era. Un día voy y me dice la secretaria, "usted hoy no tiene cheque", en eso llega un señor y me dice que estuvo revisando los papeles y que era mucho dinero, así que me dio la mitad, unos 4 millones. Y así me fui y ellos me quedaron debiendo cinco millones.

—Te jodieron feo ahí— le dije al abuelo.

—¡Sí, sí!— dijo Placeres, comiendo un trozo de galleta Oreo que le ponía los dientes negros—y bien feo que lo jodieron. Pero ¿qué iba a hacer?, ¡no chica!, tenía que joderse y aceptar lo que le dieran por ingenuo, por confiado.

—¿Siempre te debían plata o qué? — pregunté.

—Claro —respondió el abuelo—, por eso prefería que me dieran los apartamentos. El de Santa Rosa de Lima, donde tú viviste, lo compré así.

—Yo esa historia no la sé— dije.

—Te la cuento— dijo el abuelo entre risas.

—Siempre he tenido curiosidad por saber cómo conseguiste comprar tantos apartamentos.

—Bueno, porque yo estaba construyendo los edificios y como forma de pago, ya que me debían mucho dinero, pues me daban el apartamento o me servía para una inversión inicial.

—Ah, claro, tiene sentido.

—Por ejemplo, el edificio de Santa Rosa de Lima, cuando lo terminamos de construir, yo dije que quería quedarme con un apartamento, así que hablé con mis contactos del banco y en menos de una semana ya tenía aprobado el crédito.

—La importancia de tener contactos en el banco...— dije entre risas.

—Así es—respondió el abuelo.

—¿Y con qué intención decidiste comprar ese apartamento?

—Como inversión. Era mucho mejor eso que esperar quién sabe cuánto tiempo a que me pagaran lo que me debían—respondió el sabio abuelo.

—Entiendo, entonces lo alquilaste.

—Sí, tuvimos una señora viviendo ahí un tiempo. A mí me gustaba mucho ese apartamento.

—¿Y por qué no se mudaron para allá?—pregunté curiosa.

—Porque la abuela estaba contenta en El Cafetal. Además, ahí era todo mucho más cómodo y cerca. Los servicios, el transporte, todo era mucho más fácil. Y como ella no manejaba... porque yo en aquella época le podía haber comprado un carrito pequeño, pero a ella nunca se le dio por manejar... y yo nunca la obligué, claro. Yo tenía un Malibú dos puertas muy bonito cuando empezamos a ir a Higuerote, y ahí le iba enseñando, pero nunca aprendió—dijo el abuelo entre risas.

—Y además yo estaba cómoda con que me buscaran y trajeran, y con el bus me iba a cualquier lado—agregó la abuela.

—¿Y cómo llegamos mi mamá y yo a Santa Rosa?—pregunté.

—Bueno, ustedes vivieron con nosotros unos meses hasta que un día tu mamá dijo que quería irse para allá contigo y tener su propia casa. Así que le contamos la situación a la inquilina y muy amablemente nos desalojó el apartamento—respondió el abuelo.

—Y Ana María se fue para allá bien contenta—dijo la abuela.

—Normal, con tremendo apartamento y así de fácil, cualquiera lo estaría— dije.

—Ella aquí quería que yo la ayudara en todo, porque ella todavía era joven y quería salir y hacer otras cosas, y yo la ayudaba, claro, hasta que llegó el momento de que se fuera a vivir sola contigo— dijo Placeres.

—Claro.

La lluvia cesó antes de la hora de la merienda, dejando a su paso ese olor peculiar del césped mojado. Las nubes despejaron y pensé que era un buen momento para salir al pueblo, aunque fuera a dar un paseo. Nos quedaban pocos días en Galicia y queríamos aprovecharlos al máximo, aunque si fuera por la abuela se quedaba todo el día en la cama.

Al final y sin mucho esfuerzo, los convencí para salir a tomar un café con Maricarmen, la prima más cercana de la abuela, que llevaba, desde la pandemia, viviendo en A Estrada con su marido. Nos encontramos en una cafetería, tomamos unas cervezas y comimos unas tapas mientras los viejos se ponían al día contando sus cosas.

18
La última cena

Eran las 12:00 del mediodía y teníamos que estar sobre las 13:00 en la aldea para una comida familiar. Lo bueno era que estábamos a menos de 30 minutos en carro.

Cuando me desperté y bajé a la cocina, ya los abuelos estaban desayunados y vestidos, listos para la siguiente aventura.

—Buenos días— dije— ¿preparados para socializar hoy?

El abuelo no escuchó, la abuela me miró con cara de *quien no quiere la cosa,* y yo solo podía pensar en que quería volver a la cama y dormir 10 horas seguidas.

Aun así, nos armamos de valor y cogimos rumbo a la aldea.

La visita era en casa de un primo de mi abuela, más o menos cerca de Campo y Castramonde, pero en otra aldea cuyo nombre no recuerdo.

Cuando llegamos, nos recibieron como si de la realeza se tratara. No miento cuando digo que había más de veinte personas en esa casa, todos primos, hijos de los primos y cónyuges de los primos. Todos se emocionaron sobremanera cuando vieron llegar a los abuelos, aunque muchos de ellos ya los habían visto en nuestra última visita a Galicia, ese verano del 2018.

La esposa de uno de los primos, dueña de la casa, preparó el banquete más grande y rico que se puedan imaginar. De entrante, croquetas, mariscos y empanada gallega; como plato principal, cordero con patatas fritas y al vapor; de postre, tarta de manzana, tarta de almendras - o mejor conocida como "Tarta de Santiago", una exquisitez gallega- además, helado y galletas caseras. Por supuesto, no pudo faltar el chupito digestivo y el vino tinto que acompaña toda la comida. Cuando por fin empecé a digerir todo, me ofrecieron una copa de ron con Coca-Cola que no pude rechazar. Creo que después de esa comida no comí más hasta la cena del día siguiente, porque en Galicia se come muy bien, pero también se come demasiado, hasta el punto de ser incluso desagradable, al menos para mí que no estoy acostumbrada a comer porciones tan enormes. Yo, con los entrantes ya estaba satisfecha.

Los abuelos se sentaron en el medio de la mesa para poder hablar con todos, mientras que yo terminé en una de las esquinas, donde casualmente se sentaron las hijas de las primas, que eran más jóvenes. Hablamos de todo, se interesaron mucho por mi vida, por nuestro paseo por Galicia, por mis planes a futuro. Yo no conocía a la mitad de esas personas y a la otra mitad las habría visto, como mucho, un par de veces en mi vida. Aun así me sentí en familia, me sentí querida y apreciada. Fue una comida espectacular; mi abuela estaba muy sonriente y mi abuelo muy hablador. Lo que más me impactó fue ver que la mayoría de los familiares que asistieron a esa comida vinieron desde lejos, algunos desde Pontevedra, otros desde Santiago, incluso desde otra Comunidad Autónoma, para poder asistir al reencuentro del siglo.

Es muy lindo ver cómo, aunque la comunicación intrafamiliar no sea la mejor o la más constante, los hermosos recuerdos y el cariño permanece intacto. Así de especial es el recuerdo de mis abuelos.

Al caer la noche y después de una larga sobremesa, el olor a estiércol, muy común en la aldea, empezó a notarse. La dueña de la casa, la señora María, estaba sentada junto a mí. Llevábamos rato charlando y creo que conectamos muy lindo. Le agradecí por el esfuerzo que había hecho cocinando para tantas personas y le dije que la admiraba por eso. Me contestó que lo hacía con mucho cariño y estaba muy contenta de tenernos en su casa.

—Me gustaría dar un paseo, ¿tienes animales acá?— le pregunté por curiosidad.

—Claro— respondió— tengo siete cerdos.

—¡Vaya!, ahora entiendo de dónde viene el olor—dije riendo.

—Ven, te llevo a que los conozcas y así les damos la cena— me dijo entusiasmada.

—Vani, ¿a dónde vas?— preguntó la abuela desde el otro lado de la mesa.

—A conocer a los cerdos, ¿vienes?

—Espérame.

Pude notar sus ansias de pararse de la mesa con la primera excusa que encontrara. No porque estuviera aburrida o agobiada, sino porque llevábamos horas ahí sentados haciendo la digestión. Ya era hora de mover un poco el esqueleto. No encuentro otra razón por la que mi abuela quisiera ir a ver a unos cerdos.

El olor se hacía más intenso y repugnante a medida que nos acercábamos a su guarida. Eran, efectivamente, siete hermosos y gordos cerdos rosados, todos hacinados en un espacio relativamente pequeño, mostrando signos de tener hambre.

—Toma— dijo María, dándome una cacerola llena de unas hierbas mezcladas que, aunque no pregunté qué eran, lo más probable es que fuera maíz o trigo—. Agarras un poco y se lo viertes aquí en la esquina.

Hice lo que María me dijo y alimenté a los cerdos mientras les tocaba la cabeza a los que más cerca tenía. La verdad es que, a pesar del olor, quedé encantada con los animales. Me parecieron hermosos y los acaricié un buen rato mientras la abuela me miraba con cara de asco y no entendía cómo podían gustarme tanto dichas bestias.

—Ay, Vanesa, lávate esas manos— me dijo mientras se volvía por donde había venido. No soportaba ese olor, y la verdad es que yo tampoco.

Después de alimentar a las bestias, María nos quiso dar un tour por la otra casa, la nueva, donde realmente viven.

—¿Y qué es la otra casa donde hemos comido?— pregunté al salir del corral de cerdos.

—Bueno, esa es la casa de mis padres, la vieja digamos, ya ves que conserva sus paredes de piedra— respondió María—. Y esta es la que construimos nosotros, más moderna, con más habitaciones y en donde realmente vivimos.

Ahí entendí todo; ellos hicieron lo mismo que Otilia con la casa de Castramonde, o Isabel con la casa de Campo. Solo que en vez de modernizar una casa antigua, construyeron una nueva al lado.

La tarde se nos fue así de rápido como vino. Cayó la noche y los invitados seguían en la mesa dándole a la lengua, al vino y, aunque parezca imposible de creer, a la comida.

Nos despedimos de la multitud sobre las 11:00 de la noche y nos fuimos rumbo a la casa de diseño, no sin antes intercambiar números de teléfonos, agradecimientos, besos y muchos abrazos.

Al día siguiente, nos fuimos a Pontevedra, a la casa de otra prima de mi abuela, Maruchi; y antes, hicimos una parada para la comida, como ya era costumbre. Nos dimos un pequeño capricho en una pizzería, donde comimos la mejor pizza que he probado en Galicia.

—¿Cuánta gente nos queda por visitar?—preguntó la abuela.

—Mucha— respondí.

—No puede ser— dijo la abuela con sus ojos bien abiertos del horror.

—Claro, yo tengo órdenes estrictas de pasearlos lo más que pueda y de ver a la mayor cantidad de gente posible.

—¿Órdenes de quién?— preguntó ella riéndose.

—De mi tío, ¿quién más?—respondí, como si fuera algo obvio.
Y no era mentira, yo tenía órdenes estrictas de pasear a los abuelos, de comunicarme con los familiares y cuadrar las visitas pertinentes. Ya nos quedaba poco tiempo en Galicia y había que sacar el máximo provecho a la situación.

Cuando llegamos a casa de Maruchi, ella nos tenía preparado el café y las galletas de la merienda. Al poco rato, llegaron sus hijos con sus respectivas familias. Las nietas de Maruchi eran una belleza. La mayor quizás tendría cuatro años y la menor apenas uno. Desde que llegaron estuve con ellas jugando, porque si hay algo que me encanta son los bebés y los niños pequeños, y ellas de verdad que eran muy carismáticas y dulces.

19
La casa de Higuerote

Volvimos a la casa a la hora de la cena, aunque nadie tenía hambre, desde luego, así que no quedó otra más que pillar unas cervezas y volver al sofá, ese que llevaba tiempo siendo testigo de las anécdotas de los viejos.

—¿Dónde está el abuelo?— pregunté a la abuela que se estaba poniendo cómoda en el sofá.

—Lo vi salir, quizás está en el jardín— respondió mientras encendía el televisor.

Me dispuse a salir con las dos cervezas en la mano y lo encontré en la parte de atrás de la casa admirando el paisaje.

—Abuelito, cerveza— dije dándole la botella, en este punto ya no preguntaba si quería, solo se la daba.

—Gracias hija— dijo el viejo mientras me abrazaba con un brazo, sin quitar la vista del paisaje.

—Qué linda se ha quedado la noche, ¿no te parece?— pregunté.

—Preciosa, aunque ya hace algo de frío.

—Esto es Galicia, ya sabes cómo es— dije entre risas.

—En Higuerote estaríamos con ese calorcito rico— dijo Ramiro.

—Cierto, ahí sí que se está bien, pero no tendrías estas vistas.

—No, las vistas no, pero sí la playa.

—Nada es perfecto. Venga, entremos que hace frío— le dije.

—¿Qué estaban hablando allá afuera?— preguntó la curiosa de Placeres cuando nos vio entrar a la casa.

—No mucho—respondí—. Estábamos extrañando la casa de Higuerote.

—¡Ay mi casa!—exclamó la abuela, juntando las dos manos en gesto de rezo—, ¡cómo extraño mi casa!

—Bueno, y ahora es que te queda por extrañarla porque esta aventura en España aún no termina— dije yo en modo de chiste, aunque sin omitir ninguna verdad. Por cierto, hablando de Higuerote, nunca supe cómo llegaron ustedes ahí. Desde que nací estoy yendo a esa casa y no tengo idea de su historia.

—¡Ah!, esa es una historia muy bonita—dijo el abuelo— pero también muy larga— y se ríe mientras la recuerda.

—Bueno, tenemos tiempo— respondí, mientras me acomodaba en el sofá para escucharla.

—Se empezó con un ranchito y luego es que fue una casa—dijo Ramiro sentándose a mi lado—. Hubo que hacerlo así porque nuestros hijos crecieron, eran jovencitos pero había que sacarlos a alguna parte, no los podía tener metidos en la casa y en Caracas todo el tiempo. Entonces dije: "vamos a hacer un ranchito por allá", y así fue. Después, poco a poco se iba renovando. La idea era hacer una cosa pequeña y después hacer una casa, pero nunca las cosas se dan como uno piensa—. La abuela escuchaba atentamente, se notaba que también quería dar su versión de los hechos.

—Eso fue precioso— dijo la abuela mientras le brillaban los ojos de emoción con solo pensarlo—. Y después con las nietas fue más precioso, porque las nietas solo querían quedarse metidas en la piscina que infló el abuelo.

Todos reímos al recordar esos momentos en que éramos felices y no lo sabíamos. Tengo varias fotos a las que solía mirar mucho cuando vivía en Venezuela en donde mi prima y yo, siendo bebés, estamos en pañales en los jardines de la casa de Higuerote. Se puede ver en el fondo a mi tía, a mi abuela y a mi mamá, todas rebosantes de vida y juventud, con sus mejores sonrisas instaladas en sus rostros. El sol se dejaba ver en la fotografía como diciendo "aquí estoy", pero no nos envolvía directamente, la sombra que protegía a las bebés era mucho más grande.

—Pero abuelos, ¿cómo llegan ustedes a Higuerote?—pregunté, intentando sacarles la historia.

—Estaban dividiendo una parcelaria y vendiéndola por partes—respondió mi abuela—. Eso era un terreno grandísimo que era de un señor que lo estaba dividiendo y lo estaba vendiendo. Una parcelaria, creo que ese era el nombre, entonces el abuelo fue para allá. Nosotros no conocíamos Higuerote y él se fue para allá con dos amigos más a ver cómo era eso. Cuando llegaron les gustó y entonces se la repartieron, y el señor les dijo: "vayan a sus casas y traen a sus señoras, si ellas están de acuerdo hacemos el trato".

—Tardaron como dos años en darnos los permisos para construir—dijo Ramiro, con esa expresión de incredulidad en su rostro.

—Y además, no teníamos ni con qué hacer un muro—continuó la abuela. A estas alturas ya los dos viejos estaban involucrados en el relato. Yo callé y dejé que sus recuerdos se convirtieran en palabras—. Cuando volvimos, buscamos nuestra parcela y nos dijo un señor: "mire tengo aquí un machete y si quieren les acomodo la parcela", le dijimos "sí por favor, córtala toda".

—¡Chica, pero estás emocionada!— dijo Ramiro, lanzando una risa de complicidad.

—¡Es que fue así!— respondió la abuela, aún más emocionada que antes—. El señor cortó la parcela y el abuelo dijo: "ahora hay que hacerle un muro ahí todo alrededor "— comentó señalando al espacio vacío mientras dibujaba con sus manos el terreno baldío.

—¿Y por qué no fueron a La Guaira?— pregunté por curiosidad, ya que esa ciudad costera era mucho más famosa y estaba más cerca de Caracas.

—No fuimos a La Guaira porque había mucha gente y mucha cola, entonces decidimos ir a Higuerote porque nos parecía mejor. Nosotros íbamos para allá alguna vez, a la playa de Los Caracas y llevábamos a gente con nosotros— dijo Ramiro.

—¡No!, a gente no... íbamos con los dos niños, Ana en mi colo[5] y Antonio iba atrás— respondió la abuela, un poco alterada por el comentario, mientras con sus mímicas explicaba el momento.

---

[5] Expresión que indica sentarse en las piernas de alguien, por lo general, un niño en las piernas de su madre o padre.

—Pero después íbamos con unos amigos— respondió el abuelo— y yo dije que me gustaría tener una casita en la playa y es cuando tengo el contacto con ese señor, que vivía en Prados del Este y nos recibió...

—Vas a echar el mismo cuento...—, interrumpió la abuela mientras se reía a voces. Ese día estaba muy graciosa, muy animada contando la historia y no dejaba hablar a Ramiro, ella quería ser el centro de atención.

—Y bueno, ahí nos quedamos—prosiguió mi abuelo como si nadie le hubiera interrumpido—. Ese día que fuimos allá, yo di la inicial de la parcela, y el otro señor me pidió que le reservara la suya y así lo hice. El otro señor no lo tenía tan claro y los hijos le dijeron que era mucho trabajo ir para allá, y es ahí cuando él cambió de opinión y no compró.

Higuerote es la capital del Municipio Brión en el Estado Miranda, una localidad costera al este de Caracas, a unos 117 km, aproximadamente. Para ese momento, debido al estado de las carreteras, solíamos tardar unas 2 horas en llegar desde Caracas, sin contar cuando había mucho tráfico, que podía ser bastante más, sobre todo al salir de la ciudad.

—El abuelo ya tenía obreros y los mandó para allá para que le hicieran los muros de la parcela y una vez que ya teníamos los muros, el abuelo dijo: "bueno, ya podemos hacer un techito", y por ahí empezamos— contó Placeres, siguiendo con su relato.

—Dejábamos a los albañiles durmiendo y nos metíamos por ese camino detrás de la casa donde antes había caballos y vacas, nos daba nota[6] ir por el medio del monte—dijo el abuelo.

—El abuelo iba y trabajaba todos los días, llevaba a los obreros y trabajaban, pero claro, solo un techito no te servía para dormir, no servía para nada, entonces le decíamos a nuestros niños: "bueno, vamos a hacer una casita más grande para que puedan dormir", y Ana dijo: "yo quiero tener un baño", entonces el abuelo llevó a los obreros a que hicieran un baño, luego otro techo y así, poco a poco— dijo la abuela, mientras yo solamente escuchaba.

—En aquella época, los muchachos eran un poco... — dijo el abuelo después de una pausa para recordar.

—No, no eran nada— dijo la abuela, adelantándose a las palabras de Ramiro.

—Eran un poco... —, Ramiro seguía buscando las palabras correctas para expresar lo que quería decir, pero no parecían salir de su boca.

---

[6] Expresión venezolana que significa que les gustaba hacer algo, les parecía emocionante, interesante.

—¡Tremendos!— dijo la abuela de repente, desesperada por terminar la frase inconclusa de su esposo.

—Tremendos—dijo por fin el abuelo, aliviado de haber terminado la idea, aunque fuera con ayuda—. Y entonces allá pues iban a la playa, les hacía una buena parrilla y comían y bebían y los teníamos controlados. Inclusive una vez había unos amigos de ellos que vivían por aquí y decían: "me hablan de Higuerote, ¿podemos ir un día?", y les digo: "bueno, véngase pues". Lo de Higuerote fue muy fructífero porque tanto Ana María como Antonio llevaron muchos amigos para allá y disfrutaron muchísimo.

—Y los muchachos cuando eran muchos— continuó la abuela—como nosotros nada más teníamos tres camas, empezamos a comprar chinchorros y los ponían abajo y arriba y gozaban un puyero[7] con eso. Ellos jugaban, no les importaba nada, y nosotros dormíamos y era bonito, era bueno. Y aunque las colas para venir en carnavales y eso eran horribles, no nos importaba porque en esa época Venezuela era otra y había más seguridad, entonces nos echábamos fuera del carro y nos poníamos a bailar mientras estábamos parados en el tráfico. Nos íbamos por tres días en carnavales, bailando de aquí para allá—. Placeres estaba muy metida en el cuento, recordando esa época con mucho cariño y pude notar el brillo en la mirada perdida en sus memorias.

---

[7] Expresión venezolana que usamos para denotar que nos la pasamos muy bien.

—Nosotros, cuando recién compramos aquí el apartamento de El Cafetal, estábamos hipotecados—dijo el abuelo, intentando hacer memoria de una época llena de cambios y experiencias que aún seguían revoloteando en su memoria, mientras intentaba darles un orden cronológico—. Pero compré un carrito muy bonito, un Malibú de dos puertas que después vendí y me compré el LTD.

—En ese momento, el abuelo, con la construcción, empezó a ganar y empezamos a tener y veíamos cómo tener una linda casa y una casa en la playa. Porque en esas épocas, Vane, tener casa en la playa era un lujo...¡un lujazo!— comentó Placeres.

La casa de Higuerote, de dos pisos más un solarium, fue construida por mi abuelo y sus albañiles. Compró dos terrenos que los dividió en tres estancias. Una mitad es la casa, con su amplio jardín y puestos de estacionamiento como para cinco carros; en la parte trasera de la misma, hay un sembradío, y la otra mitad es donde mi abuelo guarda todas sus herramientas de trabajo más una cantidad inimaginable de escombros.

La casa consta en su planta baja de un salón comedor, una gran cocina diáfana, tres habitaciones y dos baños, uno de ellos en-suite que es el de mis abuelos, por supuesto. Al piso de arriba se accede por unas escaleras externas y yo siempre he pensado que el primer piso es una casa en sí misma, porque tiene una terraza enorme con vista al mar; tiene dos habitaciones y dos baños y solo falta la cocina para que sea una casa más. Ahí solíamos jugar mucho con mis primas porque era el lugar perfecto para jugar sin molestar a los adultos, ya que teníamos ahí nuestro propio mundo. El último piso era un solarium, pequeño pero perfecto para tomar el sol sin ser molestados, además las paredes eran lo suficientemente altas como para guardar la privacidad. Recuerdo que era el lugar favorito de mi tía, que solía pasar allí todo el día disfrutando del sol y de un momento de paz para estar con ella misma. Yo, cuando estaba más mayor, alguna vez también fui al solarium en busca de refugio para disfrutar de un momento a solas.

—Todo ha cambiado, está medio abandonado...— dijo el abuelo, pensativo y después de una larga pausa.

—Esto se volvió una mierda y no sé quién la va a cambiar— dijo Placeres, pasando de la nostalgia a la arrechera[8] en cuestión de segundos, típico de la abuela.

—Luego compramos el otro terreno, el de al lado— agregó el abuelo, tan tranquilo, haciendo caso omiso al ataque de histeria de la abuela.

---

[8] Denota molestia por algo, puede ser una situación extraña o injusta.

—Sí, y los demás apartamentos en Caracas, porque la idea era dejar algo a los hijos o venderlos, y ahora no cuestan ni la mitad de lo que valieron en su momento—dijo Placeres.

Mis abuelos, a lo largo de su vida, compraron varias propiedades en Caracas, en su mayoría apartamentos, pero también alguna que otra oficina. Todos, salvo su propio piso y una oficina que está alquilada, están actualmente en venta por casi la mitad de su valor real. No hay quien los compre y ellos, después del esfuerzo que les supuso, no los piensan regalar. En el fondo, yo creo que mi abuelo sigue siendo optimista y cree que Venezuela se recuperará pronto y que el valor de la propiedad subirá, y con eso en mente no vende fácilmente. Además, entiendo que quizás hay un valor del cual no se habla tanto y es el sentimental, porque estas propiedades son también el fruto del esfuerzo de toda una vida en un país que no era el suyo, y eso tiene un valor que jamás se podrá comparar con el dinero.

20
Madrid

Nuestro paso por Galicia llegaba a su fin. Llegó el día en que debíamos buscar a mi tío al aeropuerto de Santiago ya que debía recoger unos documentos que dejó procesando. Al cabo de dos días, los cuatro emprendimos rumbo a Madrid, donde nos esperaba mi tía y mis primas en un enorme apartamento que alquilaron para todos en la Calle Alberto Aguilera.

Yo sentí, por primera vez en todo el viaje, cómo me iba quitando el estrés de encima, porque ahora mis tíos asumirían el liderazgo en este viaje y yo podía relajarme un poco. Había sido un mes muy hermoso, pero también muy intenso en Galicia. Sin embargo, la dicha no duró mucho. Al día siguiente de nuestra llegada a Madrid, los tíos y mis primas irían a otras ciudades españolas a cumplir con unos compromisos previos con familiares que tenían allá, así que una vez más me quedaba yo a cargo de mis abuelos.

Yo sabía que Madrid iba a ser diferente; podíamos ir andando o en bus a algunos sitios. Era otra estrategia, otro estilo de vida. Pasamos mucho tiempo con mi padrino Manuel, el hermano menor de mi abuela, quien nos invitaba a comer o venía a la casa a visitarnos. En alguna ocasión, fuimos hasta Alcorcón a visitar a mi mamá, quien desde el 2018 vive ahí con su esposo y mi hermano.

El día antes del regreso de mis tíos a Madrid, que solo se fueron por unos pocos días, decidí pasear a los abuelos por el centro de la ciudad. Sabía que era el último momento que tendría a solas con ellos antes de volver a Londres y dar por terminada esta aventura.

Cuando llegó la hora de comer, entramos en el primer restaurante que vimos.

—Bueno, ahora sí, nuestro último almuerzo los tres solos en España, por ahora— dije en modo nostálgico.

—Vendrán muchos más—dijo el abuelo, mientras se sentaba a mi lado en la mesa.

—Me ha encantado estar este tiempo con ustedes, pasear, recordar cosas lindas y escuchar sus historias— dije, mientras notaba los ojos llorosos de la abuela, sentada frente a mí sin decir palabra.

El camarero vino a tomarnos la orden, interrumpiendo el mágico momento. No habíamos ni mirado el menú, pero no tardamos mucho en saber lo que queríamos.

— Abuela, ¿te puedo hacer una pregunta?—le dije.

—¿Otra?— preguntó asombrada entre risas

—Sí, de alguna manera tenemos que cerrar esta historia, este ciclo, ¿no te parece? —respondí.

—Bueno a ver, pregunta pues— dijo medio obstinada.

—¿Te arrepientes de algo en tu vida?—pregunté. Se me quedó mirando como pensativa, supongo que esa pregunta le cayó por sorpresa—. A ver, igual es una pregunta muy general. Sabes que la vida es una serie de circunstancias, las cuales la mayoría escapan de nuestras manos, por ejemplo, el contexto en el que nacemos, la familia en la que crecemos, la época, nuestro sexo biológico, en fin. Y luego, sobre esas circunstancias, están las decisiones que tomamos o dejamos de tomar en nuestra vida. Como las circunstancias muchas veces ya vienen dadas, tenemos que tomar decisiones si queremos cambiarlas, o mantenerlas. Entonces, la pregunta es, de todas las decisiones que tomaste en tu vida, ¿cambiarías alguna?, ¿hay algo que te hubiera gustado hacer diferente o que hubiera resultado de otra manera?

—No— dijo sin pensarlo.

—¿Te arrepientes de haberte ido de Galicia?— pregunté.

—No.

—¿Te arrepientes de haberte casado con Ramiro?

—No.

—¿Te arrepientes de haber forjado tu vida en Venezuela?

—No.

—¿Te arrepientes de no haber trabajado?

—Sí—dijo sin pensarlo—. De eso sí me arrepiento, porque yo siempre quise trabajar. Yo quería ser peluquera.

—¿Y por qué no lo hiciste?— pregunté.

—Bueno, porque tenía que quedarme en casa con los niños.

—Bueno, es que pasaron varias cosas— interrumpió el abuelo—. Antonio era chiquitico y estaba con una señora que lo cuidaba, hasta que un día no sé qué pasó y el niño se cayó, o lo maltrataban... no sé, total que Placeres y yo dijimos que esa situación no podía seguir. Además, lo que ella ganaba no daba ni para pagar a la niñera, entonces no tenía mucho sentido. O trabajaba ella o trabajaba yo.

—¿La abuela seguía lavando ropa?—pregunté.

—No— respondió el abuelo—, ella estaba empezando en la peluquería lavando cabezas, pero ella no ganaba nada. Y luego me dijo que quería una niñita y la buscamos, ahí se quedó tranquila con su niña.

—Sí, yo quería una niña, Antonio ya tenía como 4 años— dijo Placeres.

—Y yo para ese momento ya empecé a moverme con la construcción y empecé a tener mucho trabajo.

—Y yo me tuve que quedar en la casa criando a los hijos pues, como era lógico— dijo la abuela, resignada.

—Yo no podía estar pendiente de los niños porque tenía mucho trabajo que atender—continuó el abuelo—, no iba ni a comer a la casa al mediodía. Ahí empecé a trabajar con tres compañías. No era mucho lo que se ganaba, pero yo siempre estaba muy ocupado y no podía estar pendiente de buscar a los niños, y cuando nos mudamos para El Cafetal ya era quizá más fácil, pero qué va... pasa el tiempo y cuando vienes a ver, los niños ya están grandes y nosotros tenemos 50 años. A esa edad, ¿en qué va a trabajar alguien?

—Entiendo. Bueno y en esa época estaba muy normalizado también el rol de género, claro. Los hombres trabajan y las mujeres en casa criando a los niños— dije.

—Sí, muy normalizado, lamentablemente— dijo la abuela—pero fue lo que me tocó y sí, es de lo único que me arrepiento, yo creo.

—¿De tener hijos?— pregunté.

—No, de eso nada— respondió—, yo quería tener mis hijos y los tuve.

—Y tu abuelo, ¿te arrepientes de algo en tu vida? —le pregunté al viejo.

—No—dijo claramente, viéndome a los ojos.

—¿De haber dejado España?— insistí.

—No.

—¿De haberte casado con Placeres?

—No.

—¿Cuál dirías que ha sido el momento o uno de los momentos más importantes de tu vida?— le pregunté.

—Cuando nacieron mis nietas— respondió el abuelo sin pensar.

Me quedé mirando reprimiendo el llanto. No me esperaba esa respuesta para nada.

—No me digas...—fue lo que alcancé a decir.

No sé cuánto tiempo pasó mientras hablábamos, pero fue más de media hora y la comida no llegaba a la mesa. Cuando por fin llegó, debo decir que no estaba para nada buena. Decepción total. Cuando pagamos la cuenta, el abuelo quería dejar propina, pero yo me opuse porque el servicio había sido pésimo en todos los sentidos.

—Vanesa, yo también trabajé de camarero y sé lo que es eso.

Mi abuelo, sin saberlo, me acababa de dar otra lección de vida. Porque cuando uno emigra como lo hizo él, cuando uno trabaja en lo primero que pueda para sobrevivir como lo hizo él, es cuando nos damos cuenta de lo duro que es y aprendemos a valorar y entender otras realidades mucho mejor. Porque solo alguien que haya pasado por esto es capaz de entender y comprender lo que hay detrás de todo, aquello que no vemos y, muchas veces, no nos interesa ver.

—Déjale su propina— le dije.

El resto de los días en Madrid fueron un total paseo. Todos los días hacíamos algo diferente. Un día fuimos a pasear por las adyacencias del Palacio Real que justo hacía poco tiempo habían remodelado, convirtiéndolo en un espacio libre de autos, pensado para el peatón y sus paseos domingueros. Otro día, nos reunimos con la familia para comer, cenar o simplemente pasar un rato ameno. Era la primera vez que estábamos todos juntos en 10 años. Mi prima mayor salió de Venezuela un par de años antes que yo, por allá en el 2012, y desde ese momento ya estuvimos incompletos.

Hasta ahora.

Pero la felicidad duró poco. Mi última semana en España no coincidía con la de los abuelos, quienes junto a mis tíos se quedarían casi 15 días más.

Mi prima mayor, Anna Carolina, regresó a Australia donde reside desde hace algunos años, el día 6 de octubre. María Gabriella, mi prima menor, volvería sola a Venezuela dos días después, con lo cual yo era la última de las nietas en regresar a Londres, el día 9. Una nieta tras otra. Todos los días, mi abuelo preguntaba por ese orden, y todos los días tenía que repetirle lo mismo porque se le olvidaba. Todos los días.

Estos últimos días de mi viaje a España los viví con mucha intensidad. Madrid nos daba demasiadas opciones, aunque yo siempre elegía la misma: estar el mayor tiempo posible con mis abuelos.

Y así lo hice.

Lo hice tanto que cuando me tocó despedirme de ellos en el aeropuerto no pude evitar llorar. Lloré a moco tendido. Los abracé a ambos más de una vez, mientras veía asomar algunas lágrimas en sus rostros que, aunque todos tratáramos de reprimirlas, era imposible. ¿Por qué se nos hace tan difícil a algunas personas mostrar nuestro lado más vulnerable?

Me sequé las lágrimas y me fui, intentando no mirar atrás y pensando que, quizás, esa sería la última vez que los vería. Ese horrible pensamiento me acompañó en el aeropuerto, durante el vuelo y hasta el día en que los volví a ver.

Porque sí, los volví a ver.

Pero esa es otra historia, otra anécdota, otro viaje de vida.

Agradecimientos

A mis abuelos, por existir. Por enseñarme las cosas que son valiosas e importantes en la vida, por llenarme de amor y ternura, por hacer posible este libro con su alegría y disposición para contarme su historia. A toda mi familia, la de Venezuela y la de España, por estar siempre presente, a pesar de la distancia. A Paula, a Elisa, a María Mercedes y a Efraín, por apoyarme desde el primer día en que les conté de este proyecto, por haberse tomado el tiempo de leer los primeros manuscritos y darme su más sincera opinión. A Alicia, por su profesionalismo en la corrección del texto, su entrega y su paciencia.

A ustedes, queridos lectores, por darme la oportunidad de entrar en sus vidas, compartiendo un poquito de la mía.

Printed in Great Britain
by Amazon